가장 완벽한 세금 절세의 기술

상호명 : (주)이든하우스

국세청 아는형이 알려주는

가장 완벽한 세금 절세의 기술

염지훈, 최승혁 지음

나도 모르게
빠져나가는
세금으로부터

내 자산을
지키는 것

바로
투자의
시작이다

모르면 당하고 알면 이기는
누구나 할 수 있는 세금 절약 사용 설명서

차례

- 들어가며 ... 006

1부 증여세

- 증여세 세액 계산 흐름도 ... 012
- 증여세 기본 용어 및 개념 ... 013

- PART 1 합법적으로 증여하기 ... 014
- PART 2 우리 아이 부동산 취득하기 ... 046
- PART 3 현금 입출금 및 계좌이체 ... 083
- PART 4 명의신탁 ... 100
- PART 5 상담 사례 ... 115

2부 상속세

- 상속세 세액 계산 흐름도 ... 134
- 상속세 기본 용어 및 개념 ... 135
- 상속세 개편안 및 개정안 전후 세액 차이 ... 136

- PART 6 절차를 중심으로 상속세 둘러보기 ... 141
- PART 7 사전증여재산 확인하기 ... 161
- PART 8 상속공제 ... 170
- PART 9 부동산 평가 ... 197
- PART 10 상속세 납부 및 조사 ... 212

3부 양도소득세

- 양도소득세 세액 계산 흐름도 … 230
- 비과세 요건 … 231

- PART 11 양도소득세 비과세 … 233
- PART 12 1세대 1주택 특례 … 274
- PART 13 취득가액, 필요경비, 장기보유특별공제 … 293
- PART 14 양도소득세 감면 … 311
- PART 15 양도소득세 신고 … 319

- 감사의 글 … 338

- 부록1: 금전차용증서 … 340
- 부록2: 주택취득자금 조달 및 입주계획서 … 341
- 부록3: 상속재산분할협의서 … 342
- 부록4: 상속재산 및 사전증여재산 확인 신청서 및 위임장 … 344
- 부록5: 현금 증여계약서 … 346

> **들어가며**

💬 염지훈 세무사의 말

대학교 4학년, 부모님의 기대를 안고 9급 공무원 면접 시험을 봤던 날이 문득 떠오른다.

"자네는 국세청에 입사하려는 이유가 뭔가?"

면접관의 질문에 나는 한껏 경직된 목소리로 답했다.

"세무공무원은 공무원 중에서도 가장 전문적인 분야라고 생각합니다. 저는 세무서에 다니면서 세무사 자격증을 따서 세무사가 되고 싶습니다. 그리고 세법을 가르치는 교수가 되는 것이 제 궁극적인 바람입니다."

1999년 11월 25일, 9급 공무원으로 시작해 2년 정도의 공백을 제외하고 2023년 8월 31일 강남세무서를 마지막으로 퇴직하기까지 국세청에서 보낸 22년의 시간이 주마등처럼 지나간다. 그사이 지금의 아내를 만나 두 아이를 낳았고, 그 아이들이 양가 부모님의 도움을 받은 덕에 쑥쑥 자라 벌써 열아홉 살, 열네 살이 되었다.

22년간 국세청에서 일을 하면서 나 자신의 발전을 위한 노력도 계속했다. 그 결과 2014년에는 세무사 시험에, 2017년에는 중개사 시험에 합격했으며, 2023년에는 건국대학교 부동산대학원을 수료했다. 열심히 산 덕분인지 9급 공무원 면접 당시 말했던 대로 대학교 겸임교수와 세무법인 대표라는 두 가지 목표를 모두 달성했다.

2023년 9월, 세무사로 개업을 앞두고 있던 작년 이맘때 두 달여 동안 새벽 다섯 시에 저절로 눈이 떠졌다. 나이 쉰 살에 새로운 인생을 시작한다는 것이 떨리기도 하고 두렵기도 했던 것이리라. 새삼, 당시 개업식에 와서 축하해주고 용기를 북돋워주신 많은 분들에게 감사한 마음이 샘솟는다.

개업 초기에는 그저 뭐든 열심히 하자는 생각이었다. 그러다 새로운 돌파구가 필요하다는 생각이 들었을 때쯤 문PD를 만났고, 최형석 세무사와 전 강남세무서장이자 현 서울지방세무사회 부회장인 최인순 세무사님과 함께 〈국세청 아는형〉이라는 유튜브 채널을 개설하게 되었다. 그때가 2024년 3월이었다.

유튜브 채널에 영상을 올리고 약 한 달간은 조회 수가 2백 건도 채 되지 않았다. 그러다 갑자기 조회 수가 치솟더니 현재는 구독자가 8만 명에 이른다. 그 과정에서 똑똑하고 비상한 문PD의 역할이 컸다.

이 책은 〈국세청 아는형〉 유튜브 영상과 댓글에 나오는 내용뿐 아니라 그간의 수많은 상담과 실제 수임 사례를 바탕으로 구성했다. 무엇보다 22년 동안 국세청에서 일하며 겪은 풍부한 경험들을 책에 녹여냈다.

《가장 완벽한 세금 절세의 기술》은 나의 첫 책이다. 수천 페이지에 달하는 전문 세법 교재에 비하면 부족한 부분이 많겠지만 세무사로서 한발짝 앞으로 나아가고 싶은 개업 2년차 세무사의 무모한 도전을 응원하는 마음으로 읽어주시면 감사하겠다.

책이 나오기까지 많은 분들이 용기를 줬지만 그중에서도 부족한 나를 출판의 길로 이끌어준 이든하우스 정병철 대표님, 그리고 원고를 쓰는 동안 내 옆에서 묵묵히 함께 책을 완성해준 공저자 최승혁 세무사에게 감사하다. 책을 집필하는 과정에서 조언을 해준 수많은 선후배들에게도 감사 인사를 전한다.

떠올릴 때마다 늘 마음 한편이 아려오는 양가 부모님, 보잘 것 없는 대학생 염지훈을 오늘의 염지훈으로 키워준 사랑하는 아내 정윤경, 나를 너무 닮은 막내 민기, 이 시간에도 군대에서 땀을 흘리고 있을 든든한 대한민국 육군 큰아들 민수에게 이 지면을 빌려서 사랑한다는 말을 전한다.

2024년 9월 늦은 주말 밤, 강남 상담실에서
세무사 염지훈

💬 최승혁 세무사의 말

세금. 이 단어를 들었을 때 대부분의 사람들은 복잡한 계산과 어려운 법령을 가장 먼저 떠올린다. 특히 증여세, 상속세, 양도소득세는 실제로도 복잡하기 이를 데 없어 일반인에게는 더욱 부담스럽게 여겨지는 것 같다.

이 책은 세법이 어렵고 지루한 것이라는 편견을 깨고 상속세와 증여세, 양도소득세의 핵심적인 내용들을 쉽게 설명하기 위해 쓰였다. 이를 위해 우리가 살아가면서 한 번쯤은 마주치게 되는 일상의 흔한 사례들을 최대한 다양하고 풍부하게 담았다. 이 책을 읽은 여러분이 세법에 한층 가벼운 마음으로 다가가 자신감을 가지고 명확한 의사결정을 내릴 수 있다면 더 바랄 게 없겠다.

언제나 나를 믿고 지지해주시는 부모님과 동생 승우, 곁에서 늘 힘이 되어준 수연, 함께 다양한 아이디어를 나누었던 친구들에게 사랑을 전한다. 이든하우스 정병철 대표님과 직원분들, 그리고 이 책을 함께 쓸 수 있도록 기회를 주신 염지훈 세무사님을 비롯한 가현세무법인 식구들에게 감사드리며, 독자분들에게 우리의 노력이 도움이 되기를 진심으로 바란다.

2024년 9월

세무사 **최승혁**

 책과 관련된 문의 및 세무 관련 상담: 010-6447-2723(염지훈)

가장 완벽한 세금 절세의 기술

1부

증여세

증여세 세액 계산 흐름도

※ 수증자가 거주자이고 일반 증여 재산인 경우를 가정하여 작성되었다.

증여재산가액	국내·외 모든 증여재산가액						
(−) 비과세 및 과세가액 불산입	비과세: 사회 통념상 인정되는 생활비, 교육비 등 과세가액 불산입: 공익법인 등에 출연한 재산 등						
(−) 채무 부담액	증여재산에 담보된 채무 인수액(증여재산 관련 임대보증금 포함)						
(+) 증여재산 가산액	증여일 전 동일인*으로부터 10년 이내에 증여받은 재산의 과세가액 합계액이 1천만 원 이상인 경우 그 과세가액을 가산한다.						
(=) 증여세 과세가액							
(−) 증여공제	증여자	배우자	직계존속	직계비속	기타 친족	기타	
	공제 한도**	6억 원	5천만 원 (수증자가 미성년자인 경우 2천만 원)	5천만 원	1천만 원	없음	
(−) 감정평가 수수료	감정평가업자의 수수료 한도: 5백만 원(부동산 기준)						
(=) 증여세 과세표준							
(×) 세율	과세표준	1억 원 이하	5억 원 이하	10억 원 이하	30억 원 이하	30억 원 초과	
	세율	10%	20%	30%	40%	50%	
	누진공제	–	1천만 원	6천만 원	1억 6천만 원	4억 6천만 원	
(=) 산출세액	증여세 과세표준 × 세율 − 누진공제						
(+) 세대생략 할증세액	수증자가 증여자의 자녀가 아닌 직계비속이면 할증(30% 또는 40%). 단, 직계비속의 사망으로 최근친 직계비속에게 증여하는 경우는 제외						
(−) 세액공제, 세액감면	납부세액공제, 신고세액공제 등						
(−) 연부연납 및 분납	물납은 불가(상속세는 가능)						
(=) 자진 납부할 세액							

* 증여자가 직계존속일 경우에는 그 배우자도 동일인이 된다.
** 공제 한도는 10년간의 누계 한도액이다.

증여세 기본 용어 및 개념

☑ **증여(상속세및증여세법 제2조 제6호)**

'증여'란 그 행위 또는 거래의 명칭·형식·목적 등과 관계없이 직접 또는 간접적인 방법으로 **타인에게 무상으로 유형·무형의 재산 또는 이익을 이전(현저히 낮은 대가를 받고 이전하는 경우를 포함한다)하거나 타인의 재산 가치를 증가시키**는 것을 말한다.

☑ **증여재산(상속세및증여세법 제2조 제7호)**

'증여재산'이란 증여로 인하여 수증자에게 귀속되는 모든 재산 또는 이익을 말하며, 다음 각 목의 물건, 권리 및 이익을 포함한다.

가. 금전으로 환산할 수 있는 경제적 가치가 있는 모든 물건
나. 재산적 가치가 있는 법률상 또는 사실상의 모든 권리
다. 금전으로 환산할 수 있는 모든 경제적 이익

☑ **수증자(상속세및증여세법 제2조 제9호)**

'수증자受贈者'란 **증여재산을 받은 거주자 또는 비거주자**를 말한다.

염지훈 세무사가 알려주는 쉬운 세금 이야기

PART

합법적으로 증여하기

아이가 태어나면 증여 계획부터 세우자

"형! 애가 태어났어요."

전화를 통해 후배 준석의 들뜬 목소리가 들린다. 나와 다섯 살 이상 차이 나는 동생이 벌써 셋째 아이를 출산했다 하니 애국자라는 생각부터 들었다. 살림이 넉넉하거나 집안이 부유한 것도 아니다. 준석에게 남다른 점이 있다면 평소에 절세가 몸에 밸 정도로 세금 문제에 관심이 많고 그만큼 나에게 자주 조언을 구한다는 점이다.

축하 인사를 전하는 나에게 준석은 대뜸 "형, 저 막내에게 증여세 없이 3천만 원 증여할 수 있는 거 맞죠?" 하고 묻는다. 내가 속으로 '녀석이 숫자를 헷갈렸나? 미성년자 증여공제는 2천만 원까지인데'라고 생각하고 있을 때, 준석이 "저는 돈이 없는데, 부모님이 셋째를 낳으면 2천만 원을 증여해주다고 하셨거든요. 그런데 고모할머니가 또 1천만 원을 증여해주신다네요" 하고 말한다.

그제서야 내가 놓치고 있던 부분이 떠오른다. 직계존속이 아닌 기타 친족도 10년에 한 번씩 1천만 원 증여공제가 된다는 사실 말이다. 준석은 놀랍게도 아이가 태어나자마자 절세부터 생각하고 있었던 것이다.

"형 저는 앞으로 계속 이렇게 3천만 원, 6천만 원 증여하려고요."

보통의 경우 직계존속(부모가 아니라면 조부모도 가능)을 통해 한 살 때 2천만 원, 열한 살 때 2천만 원, 스물한 살 때 5천만 원, 서른한 살 때 5천만 원 증여를 받아 증여세 없이 서른한 살까지 1억 4천만 원을 증여받을 수 있는데, 준석의 방식대로라면 한 살 때 3천만 원, 열한 살 때 3천만 원, 스물한 살 때 6천만 원, 서른한 살 때 6천만 원을 증여받아 증여세 없이 서른한 살까지 1억 8천만 원을 증여받을 수 있다.

준석은 여기에 그치지 않고 양가 부모님을 설득해 출산증여공제를 이용하여 본인과 배우자가 각 1억 원씩 총 2억 원을 추가로 증여받기로 했다. 그 돈으로 기존 대출을 상환할 계획이라고 한다. 전화를 끊으며 세무사보다 더 똑똑하고 실행력이 강한 준석에게 한수 배운 기분이 들었다.

관련 법령

증여재산공제(상속세및증여세법 제53조)

거주자*가 다음 어느 하나에 해당하는 사람으로부터 증여를 받은 경우에는 다음 각 호의 구분에 따른 금액을 공제한다. 단, 그 증여를 받기 전 10년 이내에 공제받은 금액을 합한 금액이 다음 각 호의 금액을 초과 시에는 초과 부분은 공제하지 않는다.

① 배우자로부터 증여받는 경우: 6억 원

* 수증자는 세법상 거주자여야 하며, 수증자가 세법상 비거주자라면 어떤 증여공제도 받을 수 없다.

② 직계존속으로부터 증여받는 경우: 5천만 원(미성년자**는 2천만 원)

③ 직계비속으로부터 증여받는 경우: 5천만 원

④ ②, ③ 외에 6촌 이내 혈족, 4촌 이내의 인척으로부터 증여받는 경우: 1천만 원

세법 개정안(2025년 1월 1일 이후 증여받는 분부터 적용)

2024년 7월 25일 발표된 세법 개정안에 따르면 기타 친족으로부터 증여받아 1천만 원을 공제받는 경우와 관련하여 아래와 같이 기타 친족의 범위가 변경된다.

④ ②, ③ 외에 **4촌 이내 혈족, 3촌 이내의 인척**으로부터 증여받는 경우: 1천만 원

** 미성년자는 만19세 미만인 자이다.

혼인·출산 증여재산공제(상속세및증여세법 제53조의 2)

① 거주자가 직계존속으로부터 혼인일 전후 2년 이내에 증여받는 경우에는 제53조의 증여재산공제와 별개로 1억 원을 증여재산가액에서 공제한다.

② 거주자가 직계존속으로부터 자녀의 출산일 또는 입양일부터 2년 이내에 증여를 받는 경우, 제53조 증여재산공제와 별개로 1억 원을 증여재산가액에서 공제한다.

③ 제1항 및 제2항에 따라 공제받은 금액이 1억 원을 초과 시 초과 부분은 공제하지 않는다.

☑ ⟨국세청 아는형⟩에게 물어보세요

Q. 할아버지가 25세 손자에게 얼마까지 합법적으로 증여할 수 있을까요?
A. 5천만 원입니다. 단, 직계존속(아버지, 어머니, 양가 조부모 등)으로부터 10년 이내 다른 증여가 있었는지 확인해야 합니다.

Q. 할아버지가 2천만 원을 주셨는데, 고모할머니가 추가로 1천만 원을 주시면 비과세가 되는 게 맞나요?
A. 수증자의 증여공제는 법에 근거하므로 기타 친족은 추가로 1천만 원을 세금 없이 증여받을 수 있습니다.

Q. 손주가 다섯 명이면, 다섯 명 모두 증여공제를 받을 수 있나요?
A. 증여공제는 수증인 기준이므로 각각 받을 수 있습니다.

Q. 과거 수증자에게 수증자 명의의 통장을 만들어주고 입금을 했는데 지금이라도 신고가 가능할까요?
A. 네 가능합니다. 훗날 자금출처 인정을 받으려면 지금이라도 신고하세요.

Q. 미성년자인 자녀(18세)에게 지금까지 한 번도 증여한 적이 없는데, 19세까지 기다린 후 증여할까요?
A. 일단 2천만 원을 먼저 증여한 뒤 공제를 받고, 성년이 되는 순간 3천만 원을 증여하면 추가로 공제받을 수 있습니다.

Q. 예금 증여를 하려면 어떻게 해야 하나요?

A. 계좌이체하고, 홈택스를 이용해 수증자 기준으로 신고하세요(홈택스→세금 신고→증여세).

Q. 혼인증여공제를 받았는데, 아기가 태어나면 출산증여공제도 추가로 받을 수 있나요?

A. 혼인증여공제와 출산증여공제의 **통합** 한도가 1억 원입니다. 개인적으로는 향후 혼인증여공제와 출산증여공제는 중복을 허용해 각각 1억 원씩 공제를 허용하고, 자녀를 여러 명 출산할 경우 그 공제 한도를 더 늘려야 한다고 생각합니다.

Q. 만약 부모님이 저희 아이에게 1천만 원을 증여하고 신고를 한다면 그 1천만 원은 아이 명의의 통장에 입금해야 하는 것인가요? 만일 아이 명의의 통장에서 해당 금액을 인출해 저희 부부가 쓴다면 문제가 될지요? 아이 명의로 주식이나 펀드를 대신 매수하는 것은 가능한지 궁금합니다.

A. 아이에게 증여한 것이므로 아이 명의의 통장을 개설해 입금해야 합니다. 해당 통장에서 금액을 인출해 부모가 사용할 경우 또 다른 증여 문제가 생길 수 있습니다. 그러나 아이 명의로 주식을 사는 것은 가능합니다.

Q. 출산증여를 계좌이체로 받을 경우 별도의 행정 절차를 밟아 신고해야 하나요? 혹은 자동으로 인정받을 수 있는지요?

A. 출산증여공제를 받고자 할 경우 먼저 출생 신고를 하고, 별도로 증여세 신고를 해야 합니다.

Q. **며느리가 시아버지에게 1천만 원을 증여한 뒤 그 돈을 시아버지가 손자에게 다시 증여하고, 이후 며느리가 자신의 자녀인 손자에게 5천만 원을 증여할 경우, 합계 6천만 원을 증여하여 전액 공제받는 것이 가능한가요?**

A. 세무서에서는 어머니가 자녀에게 6천만 원을 직접 증여한 것으로 볼 수 있습니다. 따라서 공제 한도 5천만 원을 제외한 1천만 원에 대해 증여세가 부과될 수 있습니다.

Q. **아버지와 어머니가 각각 5천만 원씩 자녀에게 증여해 10년마다 1억 원씩 증여할 경우 공제 한도가 궁금합니다.**

A. 증여공제 한도는 직계존속 **합산** 5천만 원입니다.

Q. **신혼부부 자녀에게 증여세 없이 줄 수 있는 금액은 얼마인가요?**

A. 혼인증여공제를 말씀하시는 것 같습니다. 혼인일 전후 2년 이내에 1억 원을 공제받을 수 있으며 만약 10년 이내 직계존속으로부터 증여받은 금액이 없다면 5천만 원을 추가하여 총 1억 5천만 원을 공제받을 수 있습니다.

뒤늦은 증여는 화를 부를 수 있다

"지훈아! 내 아들이 자금출처 조사를 받게 됐어."

오랫동안 알고 지낸 형이 걱정스러운 목소리로 연락을 해왔다.

"형님 아들 범석이가요? 무슨 조사요?"

얼마 전 외국 유학을 마치고 한국에 돌아온 아들이 안정적인 직장을 구하고 결혼도 했다는 소식을 들었던 터라 깜짝 놀라 되물었다.

"3년 전 쯤 결혼을 앞두고 집을 샀는데, 그거 때문인 것 같아."

자초지종을 들어보니 결혼 전 10억 원이 조금 넘는 집을 구입했는데, 4억 원 정도 은행 대출을 받고 부모에게 빌린 돈은 차용증을 써서 자금출처를 밝혔으나 그 외에도 실질적으로 부모로부터 증여받은 금액이 있었다는 것이다. 당시 증여액이 대출받은 금액에 비해 크지 않아 이 정도는 문제 없지 않을까 하는 유혹을 뿌리치지 못하고 자금출처 부족을 무릅쓰고 주택을 취득한 것이다. 그러나 세무서에서는 귀신같이 증여 금액을 적출했다. 그 금액은 다른 증여를 포함해 자그마치 8억 원이었고, 그로 인한 세금은 가산세 포함 2억 4천만 원이나 되었다.

한 가지 안타까운 점은 아들 나이가 마흔 살이 될 때까지 사전증여가 한 번도 없었다는 것이다. 한 살 때 3천만 원, 열한 살 때 3천만 원, 스물한 살 때 6천만 원, 서른한 살 때 6천만 원을 착실하게 증여했다면 무려 1억 8천만 원을 증여하면서 8천만 원의 세금을 아낄 수 있었을 텐데 말이다.

이미 자금출처 조사가 이루어진 뒤라 내가 특별히 도울 수 있는 일은 없었다. 다만 나중에 범석이를 직접 만나 그가 혼인한 지 채 2년이 지나지 않았다는 사실을 확인했고, 그 경우 아버지로부터 1억 원을 추가로 증여받을 수 있다는 사실을 알렸다. 범석은 그 1억 원을 증여받아 차용증을 쓰고 아버지로부터 빌린 돈 1억 원을 상환할 계획을 세웠다. 그리고 우리는 이후 증여세 신고까지 함께 마무리했다. 크지 않은 금액이라도 미리 증여를 해놓으면 언젠가는 약이 된다는 것을 다시 한번 확인한 사건이었다.

	고지 내역	1.8억 원 사전증여 시
증여재산가액	8.0억 원	6.2억 원
증여재산공제	0.5억 원	0.5억 원
과세표준	7.5억 원	5.7억 원
세율	30%	30%
누진공제	0.6억 원	0.6억 원
산출세액	1.65억 원	1.1억 원
가산세	0.75억 원	0.5억 원
고지세액	2.4억 원	1.6억 원

관련 법령

증여세 가산세 기본 상식

국세기본법 제47조의 2 【무신고 가산세】

① 일반 무신고 가산세: 산출세액(할증세액 포함) × 20%

② 부정 무신고 가산세: 산출세액(할증세액 포함) × 40%

※ 부정 행위란 거짓 증빙, 재산의 은닉 등 조세의 부과와 징수를 곤란하게 하는 적극적 행위를 말한다.

국세기본법 제47조의 3 【과소신고 가산세】

① 일반 과소신고 가산세: 추가 산출세액(할증세액 포함) × 10%

② 부정 과소신고 가산세: 추가 산출세액(할증세액 포함) × 40%

국세기본법 제47조의 4 【납부지연 가산세】

납부지연 가산세: 납부하지 않은 세액 × 납부 지연 기간 × 0.022%(세법상 이자율)

※ 납부지연 기간이란 납부 기한의 다음 날부터 자진 납부일까지의 기간을 말한다.

국세기본법 제48조 【가산세의 감면】

증여세 법정 신고 기한(증여일이 속한 달의 말일로부터 3개월이 되는 날)이 경과 후 6개월 이내에 기한 후 신고를 하는 경우 그 무신고 가산세를 다음과 같이 감면한다.

- 1개월 이내 기한 후 신고: 50% 감면
- 1~3개월 이내 기한 후 신고: 30% 감면
- 3~6개월 이내 기한 후 신고: 20% 감면

증여세, 부모의 책임은 어디까지인가

"지훈아, 세무서에서 또 세금을 내라고 전화가 왔어. 징글징글하다."

아들에게 30억 원짜리 아파트를 사주면서 차용증도 없이 깔끔하게 20억 원을 증여(10억 원은 아들 명의 대출)해 나를 놀라게 했던 형이었다. 아들은 20억 원에 대한 증여세 6억 2천만 원을 냈고, 나는 형의 대범한 증여에 애국자라며 칭찬을 아끼지 않았다.

그런데 5개월 후에 세무서에서 전화가 왔다. 신고서를 검토하던 중 증여세 6억 2천만 원과 취득세 1억 원, 총 7억 2천만 원의 자금출처가 무엇인지 질문 검사권을 행사한 것이다. 이 소식을 듣고 나는 정곡을 찔린 기분이었다. 형에게 미리 증여세에 대해서도 자금출처 조사가 이루어질 수 있다는 사실을 알려주지 않았던 것이다. 형은 그동안 아들에게 어떠한 사전증여도 하지 않았던 터라 그 출처를 밝히기가 더 어려웠다.

그래서 결국 7억 2천만 원에 대한 증여세로 3억 원이 추가로 부과됐다. 개인적으로는 형의 아들이 증여세 6억 2천만 원을 5년간 6회에 걸쳐 나눠 내는 연부연납제도를 활용했다면 어땠을까 하는 아쉬움이 남았다. 또 그와는 별개로 증여세에 대한 증여세까지 부담하는 형을 보며 부모의 역할은 어디까지인가라는 씁쓸한 질문을 던지지 않을 수 없었다.

관련 법령

세법상의 연대납세의무

상속세및증여세법에 따르면 증여세는 수증인이 내야 한다. 다만 자녀가 부모에게 부모의 채무를 갚으라고 증여를 한 경우, 수증자인 부모가 아닌 자녀가 세금을 낼 수도 있다는 정보가 인터넷 기사 등을 중심으로 떠도는데, 이는 수증자가 납부할 자력이 없다는 것이 인정되면 증여자가 연대납세의무를 지기 때문이다. 그러나 **만약 자녀가 부모에게 송금한 것이 아니고 부모의 채무를 직접 변제한 것이라면 연대납세의무를 면제받을 수 있을 듯하다.** 아래 법령을 참고해보시라.

상속세및증여세법 제4조의 2 【증여세 납부 의무】
⑥ 증여자는 다음 각 호의 어느 하나에 해당하는 경우에는 수증자가 납부할 증여세를 연대하여 납부할 의무가 있다. **다만, 제36조 등에 해당하는 경우는 제외**한다.
   2. 수증자가 증여세를 납부할 능력이 없다고 인정되는 경우로서 강제 징수를 하여도 증여세에 대한 조세 채권을 확보하기 곤란한 경우

상속세및증여세법 제36조 【채무 면제 등에 따른 증여】

① 채권자로부터 채무를 면제받거나 제3자로부터 채무의 인수 또는 변제를 받은 경우에는 그 면제, 인수 또는 변제를 받은 날을 증여일로 하여 그 면제 등으로 인한 이익에 상당하는 금액을 그 이익을 얻은 자의 증여재산가액으로 한다.

비영업대금의 이자는 소득세 과세 대상이다

흔히 사람들은 차용증을 작성할 때 습관처럼 이자율을 4.6퍼센트로 정한다. 4.6퍼센트란 금전대부에 따른 증여의제* 금액 계산 시 법이 정한 이자율로, 따라서 부모와 자식 간에 돈을 빌려주면서 차용증에 4.6퍼센트의 이자를 기재하는 건 매우 정상적이다. 그런데 이를 일률적으로 적용할 경우 훗날 크게 후회하는 일이 생길 수 있다.

"종합소득세가 이렇게나 많다고요?"

과거 세무서에서 일할 때, 증여세 조사 대상으로 만난 한 중년의 남성이 본인은 깔끔하게 신고를 했는데 억울하다고 목소리를 높인 일이 있었다.

이분은 자식에게 5억 원의 자금을 빌려줬고, 증여가 아닌 차용으로 인정받기 위해서 4.6퍼센트 이자를 수수하기로 했다. 실제로 연 2천3백만 원의 이자도 수령했다. 그렇게 5년간 수령한 금액이 1억 1천5백만 원이었다. 그런데 이 과정에서 놓친

---

* 법률상 증여가 아니지만 경제적으로 증여와 동일한 효과가 있어 세법상 증여로 간주하는 것.

것이 있었다.

아들이 아버지에게 해당 이자를 지급할 때는 비영업대금의 이자로 630만 원 가량을 매년 원천징수해서 납부했어야 했는데, 이 사실을 몰랐던 아들이 납부를 하지 않았던 것이다. 게다가 아버지는 다른 이자소득 및 종합소득이 많은 터라 매년 5월 지방소득세 포함 49.5퍼센트(기납부 원천세 27.5퍼센트는 차감)를 납부했어야 했는데, 그걸 하지 않아서 가산세를 포함해 무려 7천만 원을 한꺼번에 추징당했다.

만약 이분처럼 소득세율이 높다면 아들에게 무이자로 돈을 빌려주고 매년 일정 금액의 원금을 받는 것이 세금을 절약할 수 있는 방법이다. 물론 이 경우 아들이 1억 1천5백만 원에 대한 증여세를 내야 하지만 그에 따른 증여세는 10년 이내에 다른 증여가 없었다면 고작 650만 원밖에 되지 않는다. 이분이 내야 했던 종합소득세의 10분의 1이다. 납세자가 처한 상황에 따라 절세 방법이 다를 수 있는 것을 알려주는 사례라 할 수 있다.

관련 법령

금전 무상 대출 등에 따른 이익의 증여와 비영업대금의 이자 과세 방식

1. 금전 무상 대출 등에 따른 이익의 증여(상속세및증여세법 제41조의 4)

① 과세 요건

    타인으로부터 금전을 무상 또는 적정 이자율보다 낮은 이자율로 대출받은 경우로서, 그 증여재산가액이 1천만 원 이상인 경우

② 증여재산가액

    무상 대출인 경우: 대출금액 × 적정 이자율(현행 4.6%)

저리 대출인 경우: 대출금액 × 적정 이자율 − 실제 지급한 이자 상당액

③ 증여 시기

금전을 대출받은 날을 증여 시기로 하되, 대출 기간이 1년 이상인 경우 매년 새로 대출을 받은 것으로 본다.(대법원 2012. 7. 26. 2011두10959)

> **사례** 자녀가 아버지로부터 무이자로 3억 원을 차입한 경우로서 차입 기간이 2024년 1월 1일부터 2025년 12월 31까지라고 했을 때, 2024년 1월 1일과 2025년 1월 1일을 각 증여 시기로 보아 증여세 과세가 두 번 이루어진다.

2. 비영업대금의 이자 과세 방식

① 정의(소득세법 시행령 제26조)

비영업대금의 이익은 금전의 대여를 사업 목적으로 하지 아니하는 자가 일시적·우발적으로 금전을 대여함에 따라 지급받는 이자 또는 수수료를 말한다.

② 과세 방법(소득세법 시행령 제129조)

비영업대금의 이익에 대해서는 25%의 세율로 소득을 지급하는 자가 원천징수를 한다(이 경우 개인지방소득세 2.5%가 추가되어 총 27.5%의 세율이 적용된다).

이자 및 배당 소득(금융 소득)이 연 2천만 원을 초과하지 않는다면 이러한 원천징수로 과세가 종결되는 것이나, 이를 초과하여 금융 소득 종합과세 대상이 된다면 금융 소득을 다른 소득과 합산하여 신고함으로써 종합소득세 기본세율을 적용받게 된다(최대 45%, 개인지방소득세 포함 49.5%).
물론 이 경우, 원천징수된 기납부세액은 차감하여 세액을 계산한다. 또한 이자를 지급하는 사람이 원천징수하지 않았다면 금액에 상관없이 종합과세된다.

적극적인 사전증여가 답이다

내게는 친한 띠동갑 동생이 두 명 있는데, 둘 다 부모님이 건전한 중견기업을 운영하고 있고, 현재 부모님 회사에서 일하고 있으며, 20억 원 상당의 아파트에 거주하고 있는 것까지 비슷한 점이 많다. 이 두 명이 다른 게 하나 있다면 한 명은 자기 소유의 아파트에 거주하고 있으며 다른 한 명은 부모님 소유의 집에 얹혀 살고 있다는 것이다.

자기 소유의 아파트를 가진 친구는 약 10년 전에 자기 소득, 대출, 그리고 부모로부터 (증여세 4천만 원을 내고) 증여받은 3억 원을 가지고 10억 원에 그 아파트를 분양받았다. 그 결과 현재 20억 원 상당의 가치를 지닌 아파트를 보유하게 됐다. 만약 지금 20억 원의 아파트를 증여받는다고 하면 대출받는 것을 감안하더라도 3억 원 이상의 증여세를 내야 하는데, 증여세만으로 2억 6천만 원을 아낀 셈이다.

반면 부모님 소유의 집에 얹혀 사는 친구는 적절한 시기를 놓치는 바람에 자기 집 마련을 할 수 없었다. 현재의 가격으로 아파트를 마련하려면 3억 원 이상의 증여세를 내야 하는 상황이라 그때도, 지금도 망설이고 있다. 이는 증여공제 한도 내에서만 증여를 하려 할 경우 발생할 수 있는 안타까운 사례 중 하나이다.

훗날의 재산 가치 상승을 고려한다면 다소의 증여세를 내는 것을 감수하고서라도 적극적으로 사전증여를 하는 것이 좋은 선택이 될 수 있다. 이를 보여주는 또 다른 사례로 나의 고등학교 친구 경식이는 20억 원 상당의 아파트를 불과 마흔 살에 취득했다. 중소기업에 다녀서 큰 소득이 없던 경식이가 비교적 젊은 나이에 아파트를 취득할 수 있었던 것도 사전증여 덕분이었다.

경식이는 서른 살 무렵, 아버지로부터 할아버지에게 상속받은 토지를 증여받았다. 당시 토지가액은 3억 5천만 원이었고, 이에 대해 증여세 약 5천만 원을 납부했다. 그리고 그 토지는 10년이 흘러 20억 원이 넘는 금액으로 수용되었다. 물론 토지가액 상승으로 5억 원 상당의 양도세를 내야 했지만 수중에 15억 원이 넘는 현금을 갖게 된 것이다. 바로 그 돈으로 경식이는 아파트를 마련했다.

만약 이러한 사전증여가 이루어지지 않았다면 어땠을까? 아버지는 아버지대로 양도세를 내야 했을 것이고, 경식이는 경식이대로 15억 원을 증여받는 과정에서 4억 원이 넘는 증여세를 납부해야 했을 것이다. 당시 5천만 원을 증여세로 내면서 아까운 마음도 들었겠지만 결과적으로는 세금을 미리 납부함으로써 3억 5천만 원에 육박하는 금액을 아낀 셈이니 사전증여가 그만큼 중요하다는 것을 일깨워주는 사례라 할 수 있다.

증여세 신고는 꼭 해야 하나요?

종종 자녀가 있는 분들이 공통적으로 묻는 질문이 있다.

"증여 한도 내에서 주는 건데 증여세 신고를 꼭 해야 하나요?"

나는 그럴 때마다 "꼭 하셔야 합니다"라고 단호하게 답한다.

인간의 기억력에는 한계가 있다. 수십 년의 시간이 흐르다 보면 자신이 자녀들에게 얼마를 증여했는지 기억나지 않을 수 있다. 훗날 자녀들이 자금출처를 인정받아야 할 일이 생기면 국세청에 신고된 증여세 기록이 도움이 될 것이다. 물론 국세청 역시 신고된 증여세 기록에 근거해 판단을 한다. 그래서 나는 아이들이 어릴 때부터 줄곧 신고를 하고 있다.

증여세 신고는 어렵지도 않다. 홈택스를 이용하면 너무 편리하게 해결할 수 있다. 그 과정은 다음과 같다.

먼저 준비물은 자녀의 통장사본 한 장이면 충분하다. 가족관계증명원을 제출하면 좋지만 국세청에서도 자체적으로 조회할 수 있다. 다만, 기타 친족이라면 첨부하는 게 좋을 듯하다. 여기서 주의해야 할 점이 딱 하나 있다. 바로 증여세 신고를 하는 과정에서 10년 이내에 동일인으로부터 증여를 받은 적이 있는지 확인하는 작업이다. 이 확인 작업을 거치지 않을 경우 자칫 가산세를 부여받을 수 있으니 조심해야 한다. 일단 증여세 신고를 하고 나면 앞으로 10년은 잊고 살아도 되니 마음이 든든해지는 건 덤이다.

증여세 결정 내역 조회하기

- 홈택스 로그인(공인인증서)→세금 신고→증여세→신고 도움 자료 조회→증여세 결정 정보 조회

※ 조회 기준일 현재로부터 10년 이내에 증여받아 증여세를 결정받은 내역을 조회할 수 있다.

홈택스에서 간단한 현금 증여 신고하기

[1단계] 홈택스 로그인→증여세 신고→일반 증여 신고

[2단계] 현금 증여 간편 신고

기본 정보 입력(증여 일자, 증여하는 사람의 주민등록번호, 증여받는 사람의 주민등록번호, 주소, 증여자와의 관계 등)

[3단계] **증여 재산 입력**

증여받은 현금가액 입력 후 '증여세 계산하기'를 클릭하고 '저장 후 다음 이동'

증여받은 재산 입력

| * 현금 | 50,000,000 원 |

[증여세 계산하기] [증여세 포함 계산하기]

세액계산

(24) 증여세과세가액		50,000,000 원
증여재산공제	(25) 배우자	0 원
	(26),(27) 직계존비속	50,000,000 원
	(29) 혼인	0 원
	(30) 출산	0 원
(33) 과세표준(24-25-26-27-29-30)		0 원
(34) 세율		0 %
(35) 산출세액		원
(36) 세대생략가산액 ?		원
(37) 산출세액 계(35+36)		0 원
(43) 신고세액공제 ?		원
(49) 자진납부할 세액(합계액) (37-43)		0 원

납부방법	● 일시납 ○ 분납 ○ 연부연납
(52) 신고납부 (이번에 납부할 금액)	0 원

[이전] [저장 후 다음이동]

[4단계] 신고서 제출

● 신고서제출

◎ 신고내역확인

증여재산가액	50,000,000 원
증여재산가산액	0 원
비과세재산가액	0 원
과세가액불산입	0 원
채무액	0 원
증여세과세가액	50,000,000 원
증여재산공제	50,000,000 원
재해손실공제	0 원
감정평가수수료	0 원
과세표준	0 원
세율	0 %
산출세액	0 원
세대생략가산액	0 원
박물관자료등 징수유예세액	0 원
세액공제합계	0 원
가업승계 납부유예 세액	0 원
가산세합계	0 원
차가감 자진납부할 세액	0 원
연부연납	0 원
현금 - 분납	0 원
현금 - 신고납부	0 원

※ 증여재산에 관련된 채무를 수증자가 인수하는 부분은 양도('양도소득세 과세대상 재산'에 한함)로 보며, 그 양도일이 속하는 달의 말일부터 3개월 이내에 양도소득세를 신고하여야 합니다.

이전   제출하기

[5단계] **신고 부속·증빙 서류 제출**

가족관계증명원 등 추가 서류를 첨부하여 제출하고자 하는 경우에는 '증여세 신고→신고 부속·증빙 서류 제출'을 이용한다.

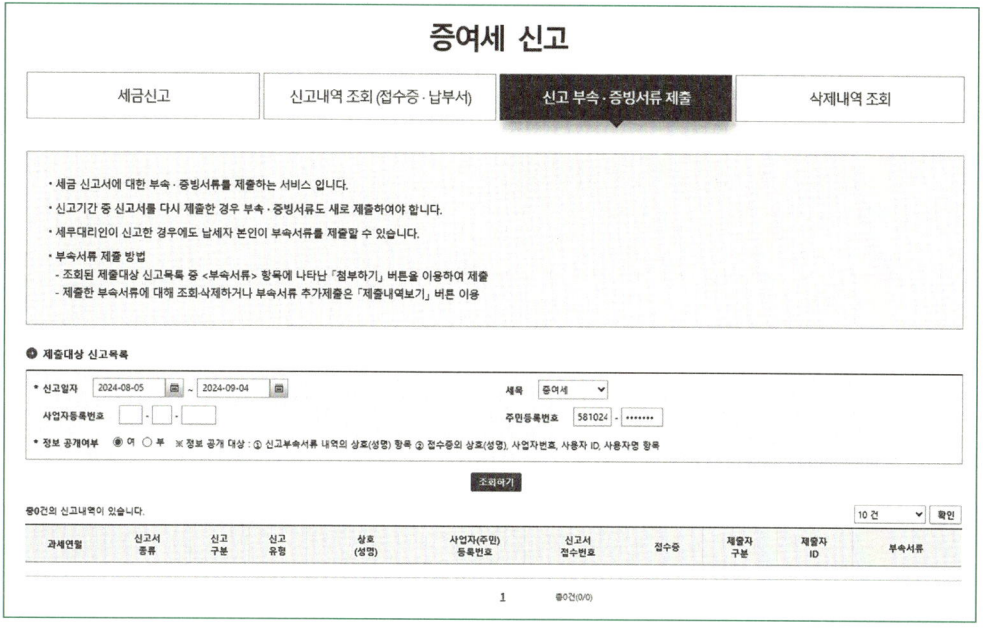

☑ <국세청 아는형>에게 물어보세요

Q. 증여세는 10년 이내에 받은 모든 증여금액을 수증자 기준으로 합산하는 것으로 알고 있습니다. 아버지에게서 증여받은 금액이 5억 원이라서 세율이 30퍼센트 구간이라면 그 뒤에 추가로 누나로부터 1억 원을 또 증여받으면 기존 증여받은 5억 원과 합산되어 어차피 그것도 세율 30퍼센트 구간이 아닌가요?

A. 증여자별(부부 합산) 세율을 적용하므로 누나에게 증여를 받을 경우, 그 증여가액에 대한 세금은 별도의 세율 구간을 적용받습니다. 물론, 아버지가 누나에게 증여 후, 누나가 그 증여분을 형제에게(즉, 이 경우 아버지의 아들에게) 증여하는 변칙 우회 증여 방법을 이용하면 말씀하신 대로 적용될 수 있습니다.

가족법인을 이용한 세금 절세

부동산 분야에서 '박사'라 불리는 동생이 점심을 같이하자고 연락을 해왔다. 부동산도 부동산이지만 세법도 열심히 공부해 가족법인을 이용해 일찍부터 아이들의 부동산 지분을 조금씩 늘려가고 있는 치밀함까지 갖춘 동생이다.

"형, 요즘은 가족법인을 이용해서 증여를 많이 하니까 형도 그런 방식으로 절세 컨설팅을 해보는 건 어때요?"

그간 세무서에서 일하며 가족법인을 이용한 증여의제에 대해서 과세를 해본 적은 있지만 그것을 절세의 방법으로 고민해본 적은 없었다. 이 참에 가족법인의 장단점을 짚어보는 것도 좋을 것 같다는 생각이 들었다.

내가 생각하는 가족법인의 장점은 다음과 같다.

① 법인과 개인의 세율 차이 및 건강보험료 부담 차이

이는 부동산임대법인에만 국한되는 장점이 아니다. 모든 업종에서 법인은 개인보다 낮은 세율을 적용받고 따라서 많은 금액의 재투자가 가능하다. 또한 소득세 부담이 클수록 지역건강보험료도 급상승할 수 있는데, 그 위험도 얼마간 줄일 수 있다.

 법인 vs 개인 세율 비교

(1) 법인세율

구분	과세표준	세율
영리법인	2억 원 이하	9%
	2억 원 초과 ~ 200억 원 이하	19%
	200억 원 초과 ~ 3,000억 원 이하	21%
	3,000억 원 초과	24%

(2) 종합소득세율

구분	과세표준	세율
개인	1천4백만 원 이하	6%
	1천4백만 원 초과 ~ 5천만 원 이하	15%
	5천만 원 초과 ~ 8천8백만 원 이하	24%
	8천8백만 원 초과 ~ 1.5억 원 이하	35%
	1.5억 원 초과 ~ 3억 원 이하	38%
	3억 원 초과 ~ 5억 원 이하	40%
	5억 원 초과 ~ 10억 원 이하	42%
	10억 원 초과	45%

② **법인은 대출이 용이하다.**

개인보다 법인은 대출 한도가 많이 나오는 편이고, 해당 법인에 부모가 자식을 위하여 고액의 대여금을 넣을 수 있다. 개인은 2억 1천7백만 원 이상을 무상 대여하여 1천만 원 이상의 이익을 증여하면 증여세 문제가 생기는데, 법인은 개별 주주에게 1억 원 이상의 이익을 제공(자녀가 법인의 지분을 백 퍼센트 소유했다고 가정할 경우 **부모가 법인에 21억 7천만 원까지 무상 대여** 가능)해야 증여세 문제가 생기니 법인을 이용하는 것이 더 큰 금액의 부동산을 취득하는 데 용이하다.

관련 법령

금전 무상 대출에 따른 이익의 증여
vs
특정 법인과의 거래를 통한 이익의 증여

1. 금전 무상 대출에 따른 이익의 증여(상속세및증여세법 제41조의 4)

① 과세 요건

타인으로부터 금전을 무상 또는 적정 이자율보다 낮은 이자율로 대출받은 경우로서, 그 **증여재산가액이 1천만 원 이상인 경우**

② 증여재산가액

- 무상 대출인 경우: 대출금액 × 적정 이자율(4.6%)
- 저리 대출인 경우: 대출금액 × 적정 이자율 − 실제 지급한 이자 상당액

2. 특정 법인과의 거래를 통한 이익의 증여(상속세및증여세법 제45조의 5)

특정 법인 주주의 특수관계인이 그 법인에게 재산(용역)을 무상으로 증여하거나 현저한 저가·고가 거래 등으로 특정 법인의 최대주주 등에게 나누어준 이익에 대해서는 해당 이익을 증여로 의제하여 증여세를 과세한다.

① 특정 법인

　지배주주와 그 친족이 직접 또는 간접으로 보유하는 주식 보유 비율이 30% 이상인 법인

② 거래 유형

　재산이나 용역을 무상으로 제공하거나, 통상적인 거래 관행에 비추어 현저히 낮은 대가로 양도·제공하거나 또는 현저히 높은 대가로 양수·제공받는 경우

　※ 현저히 낮은 대가 또는 높은 대가란 해당 재산의 시가와 대가의 차이가 시가의 30% 이상이거나, 그 차액이 3억 원 이상인 경우의 그 가액을 말한다.

　　|시가 − 대가| ≥ min(시가 × 30%, 3억 원)

③ 증여재산가액

　다음의 **'각 주주별' 증여 이익이 1억 원 이상인 경우**에 한하여 과세한다.

　각 주주별 증여 이익 = (특정 법인의 이익 − 법인세 상당액) × 해당 주주 지분율

　※ 법인세 상당액이란 법인세 산출세액에서 해당 거래에 따른 이익이 법인의 각 사업연도 소득에서 차지하는 비율을 곱한 금액을 말한다.

> **사례** ▶ 자녀가 가족 법인 주주인 경우로서 그 아버지가 해당 법인에 20억 원을 대여한 경우

- 가족 법인 주주 구성: 자녀(A) 50%, 자녀(B) 50%
- 부모가 가족 법인에 20억 원을 무이자로 대여
- 당기 법인의 각 사업연도 소득금액 5억 원, 법인세 산출세액 0.75억 원으로 가정

⟨자녀(A)의 증여 이익⟩

(특정 법인의 이익① - 법인세 상당액②) × 해당 주주 지분율③ = 0.391억 원

① 특정 법인의 이익 = 20억 원 × 4.6%(적정 이자율) = 0.92억 원

② 법인세 상당액 =
0.75억 원(산출세액) × $\dfrac{0.92억 원(법인의 거래에 따른 이익)}{5억 원(법인의 각 사업연도 소득금액)}$ = 0.138억 원

③ 자녀A의 지분율 50%

자녀A의 증여 이익이 0.391억 원으로 1억 원 미만이므로 증여세가 과세되지 않는다(자녀B도 동일).

이에 반해 법인을 이용하는 경우, 아래와 같은 점을 유의해야 한다.

① 취득세 중과세를 조심해야 한다.

특히 주택에 대해서는 무조건 주택 취득세가 중과되며 종부세까지 부담이 커진다. 대도시 내 주택이 아닌 부동산 취득에 대해서도 취득세가 중과되는 문제가 발생한다.

관련 법령

법인의 취득세 중과세

1. **법인이 주택을 취득하는 경우 12%의 취득세율 적용**(지방세법 제13조의 2)
2. **과밀억제권역 안 취득세 중과 등**(지방세법 제13조 제1항, 제2항)

① 대도시에 법인을 설립, 지점을 설치하거나 본점이나 지점을 전입하기 위해 사업용 부동산을 취득하는 경우 취득세가 중과된다.
- 대도시란 과밀억제권역에서 산업단지를 제외한 지역을 말한다.
- 중과: 취득세율은 매매(유상승계) 취득하는 경우 8%의 세율이 적용된다 (건물의 경우).

② 대도시 내에서 법인을 설립, 설치, 전입 이후 5년 이내에 부동산을 취득하는 경우(사업용, 비사업용 모두)에는 취득세가 중과된다.
- 중과: 취득세율은 매매(유상승계) 취득하는 경우 8%의 세율이 적용된다 (건물의 경우).

※ **지방에 위치한 위장 본점을 통한 취득세 중과 회피 적발 사례**

위 규정과 같이 대도시에서 법인을 설립하고 5년 이내에 부동산을 취득하면 취득세가 중과되므로, 지방에 허위로 본점을 설립하고 대도시 내에서 부동산을 취득하여 중과세를 회피하는 경우가 있다. 그러나 위장 본점으로 판단되는 경우 세액이 추징되고 가산세까지 물 수 있으므로 주의해야 한다. 최근에 경기도청에서는 법인의 본점 주소지를 대도시 밖으로 등재하고 실제로는 대도시 안에서 본점 업무를 수행하면서 부동산 취득세 중과세를 탈루한 11개 법인을 적발해 146억 원을 추징한 바 있다.

② 법인으로부터 돈을 인출할 경우 소득세를 부담해야 한다.

법인세로 세금을 절감할 수 있지만 결국 법인으로부터 돈을 인출할 때는 소득세를 내야만 한다. 단, 배당이나 급여의 형태로 그 금액을 분산할 경우 낮은 세율을 적용할 수는 있다.

상기 장단점을 막론하고 부동산 가치가 급등하는 시기에는 가족법인을 통해 주주 명단에 자녀들을 포함시키고 부모에게서 무상 또는 저리로 차입하는 구조를 만들어 부동산에 투자하는 것이 자녀들에게 부를 이전하는 좋은 방법일 수 있다.

염지훈 세무사가 알려주는 쉬운 세금 이야기

PART

우리 아이 부동산 취득하기

자금출처의 단골손님, 차용증

자금조달계획서를 준비할 때 차용증은 단골손님처럼 자주 등장한다. 마치 만병통치약처럼 차용증을 사용하는 사람들이 있다. 특히 이자가 연간 1천만 원 이하인 경우에는 이자를 내지 않아도 되기에 차용증에는 열에 아홉 2억 1천7백만 원의 금액이 적힌다. 2억 1천7백만 원에 4.6퍼센트의 이자를 적용하면 정확히 1천만 원 이하인 9,982,000원의 이자가 나오기 때문이다.

그런데 심판례를 살펴보면 가족 간의 차용이 무조건 인정되지는 않는다. 즉, 가족 간의 차용이 증여로 인정되어 증여세가 과세된 사례가 적지 않다.

관련 법령

증여로 인정된 심판례

(대법원 2017. 4. 13. 선고 2016두65244 판결)

원고들과 OOO 사이의 밀접한 가족관계에 비추어 차용증의 이자 지급일, 원금 및 이자 변제 내역 등 제반사정을 고려할 때 그 내용을 신뢰하기 어려워 증여로 봄이 타당함.

(조세심판원 2022. 6. 22. 조심-2021-서-6614)

쟁점대차계약을 살펴보면 원금의 경우 차입일로부터 5년 및 10년 후 변제하기로 되어 있고, 이자는 만기에 일시로 상환하는 것으로 나타나는데, 이는 사인 간의 통상적인 금전소비대차거래와 비교하여 이자 지급의 시기 및 방법에 있어 차이가 있어 쟁점대차계약이 금전소비대차와 관련하여 작성된 것이라고 보기 어려운 점 등에 비추어 청구 주장을 받아들이기는 어려움.

(조세심판원 2011. 11. 2. 조심-2011-서-1787)

직계존비속 간 금전소비대차는 차용 및 상환 사실이 객관적으로 명백히 입증되지 않는 한 원칙적으로 금전소비대차로 인정하기 어려운 바 자금 사정상 상환 여력이 있었던 것으로 인정됨에도 원금 및 이자를 상환한 사실이 없는 것으로 보아, 금전소비대차에 해당하지 않음.

(국세청 2022. 06. 29. 심사-증여-2022-0008)

청구인의 아버지 명의의 계좌에서 청구인 명의 계좌로 송금된 쟁점 금액을 증여받은 것이 아니라 차용하였다고 주장하고 있으나 무이자, 무담보 금전소비

> 대차계약이 이론상 불가능한 것은 아니라 하더라도, 일반적인 거래 관행에 상당한 정도로 어긋나는 등 금전소비대차 계약서의 존재만으로 쟁점 금액의 실질이 금전소비대차라고 보기에 부족해 보인다.

증여가 아닌 차용으로 인정받기 위해서는 다음의 몇 가지를 주의해야 한다.

첫째, 2년 이상의 장기 차용증은 작성하지 않는다.
둘째, 2억 1천7백만 원이 넘는다면 이자를 적절히 받아서 무상 대여 금액을 1천만 원 이하로 조정하는 것이 좋다.
셋째, 이자나 원금을 지급하기로 했다면 잊지 말고 자동이체를 통해 해당 금액이 빠져나가게 한다.

많은 분들이 차용증을 어떻게 작성해야 하는지 몰라 문의를 하곤 하는데, 양식이 따로 있는 것은 아니다. 책 말미에 차용증 양식을 첨부했으니 참고하기를 바란다.

☑ <국세청 아는형>에게 물어보세요

Q. PC방을 운영하는 아들이 매출 저조로 빚에 시달리다가 저희에게 손을 벌려 1억 5천만 원을 보냈습니다. 이후 매월 2백만 원씩 갚고 있는데 이 경우에도 증여세를 내야 하나요?

A. 매월 2백만 원씩 갚고 있다면 차용으로 볼 수 있을 듯하니 차용증을 작성하는 것을 권합니다.

Q. 서른 살 딸에게 석달 전 보증금과 월세를 합해 650만 원을 계좌이체했습니다. 딸은 곧 새로운 집으로 이사를 갈 예정인데, 그 집의 전세금 중 일부인 5천5백만 원을 추가로 이체할 계획이에요. 이 경우 5천만 원을 초과하는 1,150만 원에 대해 차용의 대가로 매달 일정 금액을 상환받아야 할까요? 아니면 그냥 두고 3, 4년 후 결혼공제를 받을수 있을까요?

A. 말씀하신 내용 중에 1,150만 원은 차용한 것으로 보아 이후 상환받는 것이 맞습니다. 다만, 따님이 결혼을 앞두고 있다면 혼인증여공제를 이용해 해당 금액을 증여하고, 따님이 그 증여받은 금액으로 상환하도록 하면 되겠습니다.

Q. 1년 전에 아버지로부터 5천만 원을 증여받았습니다. 여기에 추가로 2억 원을 무이자로 빌리려고 하는데 차용증에 원금 일시변제 기일을 최대 몇 년까지로 적을 수 있나요? 길면 길수록 좋습니다.

A. 2년 정도로 정하고 상환이 어려우면 연장을 하는 게 좋겠습니다. 다만 이자는 소액이라도 반드시 자동이체를 하는 게 좋고, 되도록 원금을 함께 상환

해나가는 것을 권합니다.

Q. 차용증을 써서 자녀에게 2억 원을 빌려주었습니다. 이자는 받지 않고 대신 원금상환 명목으로 매달 1백만 원씩 자동이체를 통해 받고 있습니다. 이자도 받아야 할까요?

A. 차용으로 인정받을 수 있다고 가정하면, 원금 2억 원에 해당하는 이자는 받지 않아도 증여에는 문제 없습니다. 대신 말씀하신 대로 원금은 꾸준히 상환해야 합니다.

차용증으로 인정받으면 끝?
끝없는 부채 사후관리의 시작

"형, 조사과에서 이상한 게 날라왔어요."

친한 동생이 세무서에서 온 서류의 정체를 모르겠다며 내게 전화를 했다. 부채 사후관리라는 말이 적혀 있는데 무슨 뜻이냐는 거다.

상속세 및 증여세 신고, 그리고 자금출처 조사를 받고 나면 사람들은 그걸로 끝이 났다고 생각한다. 그러나 세무서에서는 이후부터 부채 사후관리를 시작한다. 부채 사후관리의 취지는 수증자 또는 상속인이 승계받은 채무를 갚았는지, 갚았다면 어떤 돈으로 갚았는지, 채권자가 이자는 적정하게 수취하였는지를 확인하는 것이다.

세무서에서 일할 때 나를 가장 피곤하게 만든 일 중 하나였는데, 가장 큰 이유는 자초지종을 제대로 기억하는 사람이 드물기 때문이었다. 심지어 자신에게 채무가 있다는 사실조차 잊은 사람들도 있었다. 세무사 사무실에 보수를 지급했고 세금까지 착실히 내서 이미 끝났다고 생각한 일인데 왜 이렇게 귀찮게 구느냐는 사람들이 대부분이다.

    그러나, 생각보다 세무서는 집요하다. 한 번 전산에 입력되면 그 돈을 합법적으로 (본인의 자금으로) 상환하는 그날까지 부채 사후관리는 계속되며, 그 부채를 갚아야만 끝이 난다.

관련 법령

상속세및증여세 사무처리규정 제54조 【부채의 사후관리】

① 지방국세청장 또는 세무서장은 다음 각 호의 어느 하나에 해당하는 경우 해당 납세자의 채무 정보를 NTIS(엔티스)에 입력하여야 한다.

  1. 상속세 및 증여세의 결정 등에서 인정된 채무
  2. 자금출처 조사 과정에서 재산 취득 자금으로 인정된 채무
  3. 재산 취득에 사용된 채무 내역서로 제출된 채무
  4. 기타 유사한 사유로 사후관리가 필요한 채무

② 지방국세청장 또는 세무서장은 상환 기간이 경과한 채무에 대하여 사후관리 점검을 실시하여야 한다. 다만, 상환 기간 경과 전이라도 일정 기간이 경과한 장기 채무로서 변제 사실 확인이 필요한 경우 점검 대상자로 선정할 수 있다.

③ 지방국세청장 또는 세무서장은 제2항의 부채 사후관리 대상자에게 해명할 사항을 기재한 「부채 상환에 대한 해명 자료 제출 안내(별지 제17호 서식)」와 「권리 보호 요청 제도에 대한 안내(별지 제25호 서식)」를 납세자에게 서면으

로 발송하여야 한다.

④ 지방국세청장 또는 세무서장은 사후관리 결과 채권자 변동이나 채무 감소(변동) 등이 확인된 경우에는 즉시 그 내용을 NTIS(엔티스)에 입력하여야 한다.

세상에!
제가 왜 조사를 받나요?

"세상에! 제가 왜 조사를 받아야 하나요?"

세무서에서 근무할 때에도, 세무사 일을 시작한 이후로도 가장 많이 듣는 소리이다. 세무조사를 받는 사람들 중에 본인이 당연히 그럴 만한 행동을 했다고 생각하는 사람은 거의 없다. 세무서에서 보낸 조사 통지서에는 보통 '조세 탈루의 명백한 근거'가 있다고 명기되어 있다. 그러면 또 이런 질문이 나온다.

"도대체 그 명백한 근거라는 게 얼마 이상이어야 조사 대상이 되는 건가요?"

만약 내가 그 금액을 정확히 안다면 지금처럼 열심히 일할 필요가 없을 것이다.

지금으로부터 약 10년 전쯤 딸에게 통장으로 1억 원을 보낸 어머니가 증여세 조사 대상이 된 적이 있었다. 1억 원 그 이상도, 이하도 아니었는데 조사 대상이 되었다는 이야기를 듣고 그 어머니도, 소식을 들은 나도 황당했던 기억이 있다. 다행히 어머니는 당당했다. 그 1억 원은 딸이 차용한 것이었고, 이후 반환한 흔적도 있었던 것이다. 이처럼 단 1억 원의 송금 내역으로도 조사 대상이 될 수 있다는 것을 두눈으로 직접 목격했다.

또 개업을 하고 생긴 비교적 최근의 일인데, 30대 초반의 여자분이 서울 변두리에 6.5억 원 상당의 아파트를 구입한 뒤 조사 대상이 된 건도 있었다. 아파트 구매 비용 중 대출이 3억 원, 아버지로부터 증여받은 5천만 원, 본인의 자금 1억 5천만 원(급여소득자로, 7년간 소득이 2억 원 이상인 경우였다), 그리고 아버지로부터 차용증을 써서 빌린 1억 5천만 원을 자금출처로 비교적 명확히 밝힌 경우였다. 이 소명 내역만 봐서는 왜 조사 대상이 되었는지 알 수 없었는데, 역시나 이분도 당당하게 조사를 받아 별일이 없이 끝났다.

세무서에서 22년을 근무해보니, 실제로 당당한 사람과 당당한 척하는 사람을 구별할 수 있는 능력 정도는 생겼다. 그런데 위 두 분의 사례처럼 뜬금없이 증여세 조사 대상이 되는 경우, 그 기준이 무엇인지는 여전히 알 수가 없다.

국세청 사무처리규정상, 증여 추정 배제 기준이라는 것이 있다. 그 기준에 따르면 마치 연령대별로 일정 금액 이하는 면죄부를 받을 수 있을 것 같지만 이 또한 기준 금액 이내인 경우에도 부모가 통장에 입금한 사실이 확인되는 등 증여가 의심되는 상황이라면 증여세 부과를 면할 수 없다.

관련 법령

증여 추정 배제 기준(상속세및증여세 사무처리규정 제42조)

A.주택의 취득 B.기타 재산의 취득 C.채무의 상환으로 구분하여 **각 금액이 아래 기준에 미달하는 동시에 총액(A+B+C) 기준에 미달하는 경우에는 증여 추정을 배제**한다.

구분	취득 재산		C. 채무 상환	총액 한도 (A+B+C)
	A. 주택	B. 기타 재산		
30세 미만	5천만 원	5천만 원	5천만 원	1억 원
30세 이상	1.5억 원	5천만 원	5천만 원	2억 원
40세 이상	3억 원	1억 원	5천만 원	4억 원

※ 단, 위 규정과 관계없이 취득 재산 등이 **타인으로부터 증여받은 사실이 확인되는 경우 증여세 과세 대상이 된다**(따라서 위 증여 추정 배제 규정에 해당한다 하더라도 조사 대상이 되고, 과세될 수 있다).

증여도 나누면 가벼워진다

"염지훈 세무사님이신가요?"

밤 10시쯤, 사무실에 혼자 남아 정신없이 일처리를 하고 있을 때 전화가 왔다.

"저번에 ○○항공에 오셔서 강의하셨죠? ○○○ 기장입니다."

"네, 무슨 일이세요? 급한 일이신가요?"

"막 좋은 매물이 나와서 부동산을 급하게 취득해야 해서요."

"아, 그러면 부모님으로부터 차용하시게요?"

보통 이 경우 대부분의 사람들이 차용증 작성에 관해 물어오는 터라 당연히 이번에도 그렇겠지 하고 넘겨짚었는데, 이 기장님은 예상을 깨고 자신은 부동산 취득에 필요한 10억 원을 그대로 증여받을 계획이라고 한다. 내가 "세금이 꽤 많이 나올 텐데요"라고 우려를 섞어 답하자 5억 원은 장인어른이 자신의 아내에게, 나머지 5억 원은 아버지가 자신에게 증여를 할 계획이라며, 자신이 미리 만들어놓은 표가 맞는지 확인해달라며 보내왔다.

구분	아버지→본인 10억 원 증여	양가 5억 원씩 나눠서 10억 원 증여		
		아버지→본인	장인어른→아내	합계
증여가액	10억 원	5억 원	5억 원	10억 원
공제금액	0.5억 원	0.5억 원	0.5억 원	1.0억 원
과세표준	9.5억 원	4.5억 원	4.5억 원	9.0억 원
세율	30%	20%	20%	
누진공제	0.6억 원	0.1억 원	0.1억 원	
산출세액	2.25억 원	0.8억 원	0.8억 원	1.6억 원

이 표대로 아버지가 아들에게 단독으로 10억 원을 증여하는 것보다 양가에서 각각 자신의 자녀들에게 5억 원씩을 증여하면 세금을 6천5백만 원이나 줄일 수 있다. 공제금액은 5천만 원에서 1억 원으로 늘고, 적용 세율은 30퍼센트에서 20퍼센트로 낮아지기 때문이다. 또한 아들인 본인이 단독으로 증여를 받고 난 이후 아내에게 다시 증여할 경우 증여세 및 취득세를 또 내야 하는데, 그 상황도 피할 수 있으니 일거양득이다.

양가 가족 중 한쪽이 증여를 할 만한 경제적 여유가 없을 경우, 예를 들어 시아버지가 며느리에게 5억 원을 증여해도 비슷한 효과를 낼 수 있다. 다만 이 경우 실질과세원칙에 의거 아버지가 아들에게 10억 원을 우회 증여한 것으로 본 판례들이 있으니 주의해야 한다.

실제 상담 사례에서도 아버지가 아들과 며느리에게 각각 5억 원을 증여한 뒤, 며느리가 증여받은 5억 원을 다시 자신의 남편(즉, 아버지의 아들)에게 증여하게 하는 식으로 절세 방법을 문의해온 경우가 있었다. 아들에게 단독으로 10억 원을 증여할 경우 2억 2천5백만 원의 증여세를 내야 하는데, 이 방법을 사용하면 증여세가 1억 6천8백만 원이 나와 세금을 5천7백만 원 아낄 수 있지 않느냐는 계산이었다. 이에 대해 5천7백만 원을 아끼려다 그러지도 못하고 오히려 2천만 원 이상의 가산세가 추가로 부과될 수 있다고 조언을 드린 바 있다. 이 경우 며느리와 아들에게 실제 증여한 것으로 판단할 수 있도록 부동산 등의 재산을 아들과 며느리가 각각 5대 5로 취득하게 하는 것이 좋다.

자금출처 조사 대상 선정 여부(PCI 분석)

결혼을 앞둔 신혼부부가 세무 상담을 위해 사무실을 방문하는 경우 열에 아홉은 자금조달계획서 작성을 앞두고서다. 투기과열지구 및 조정대상지역에서 부동산을 취득하거나 그 외 지역이라도 거래가액 6억 원이 넘으면 자금조달계획서를 작성해야 하는데, 그 과정에서 불확실성을 줄이기 위해 사무실을 찾는 것이다.

자금조달계획서(부록2)는 국세청 PCI(소득지출) 분석시스템과 비슷한 부분이 있다.

자금조달계획서의 세부 내용을 살펴보면 ① 본인의 예금 ② 대출금 ③ 과거 부동산 매매대금 ④ 임대보증금 ⑤ 임차보증금 반환액 ⑥ 기타 채무 등으로 구성되어 있다. 즉, 돈을 어디서 구해서 부동산을 취득하는지를 검증하는 것이 주 목적이다.

이렇게 지방자치단체에 제출된 신고서는 한국감정원 등의 검증을 거쳐 상당 부분 세무서로 통보가 되며, 통보된 자료 중 상당 부분은 단순하게 처리되고, 일부는 조사로 이어진다. 그러나 단순하게 처리된 건 중에서도 이후 PCI 분석을 통해서 또는 별도 분석을 통해서 조사로 이어질 수 있다. 분석 대상이 되는 기간은 통상 5년

이다.

아래의 사례를 살펴보자. 23억 원의 부동산을 취득하는데 대응되는 자금출처가 13억 원밖에 안 되는 경우로 본인의 소득을 낮추었거나 부모로부터의 증여가 있는 것으로 의심받을 수 있는 상황이다.

자산의 취득		자금의 원천	
부동산 취득	1,500,000,000	대출의 발생	500,000,000
신용카드 사용	500,000,000	수증금액	200,000,000
예금의 증가(5년 전)	200,000,000	예금의 감소(5년 전)	
자동차 취득	100,000,000	최근 5년 소득	200,000,000
증여금액		부동산 매각 대금	
대여금		이전 임차보증금	200,000,000
		현재 임대보증금	200,000,000
		기타 차입금	
합계	2,300,000,000	합계	1,300,000,000

• 자금출처가 부족한 사람은 신용카드 사용을 자제하는 것도 좋은 방법이다.
• 자금출처가 부족하면 가급적 대출 비중을 늘리는 것이 좋다.
• 소득금액 판단 시 사업소득자는 소득금액 – 소득세, 근로소득자는 총 급여 – 소득세로 계산한다.

☑ <국세청 아는형>에게 물어보세요

Q. 지인의 아들이 은행 대출과 부모 앞으로 쓴 차용증 등으로 자금출처를 밝혔는데도 국세청에서 조사한 결과 8억 원의 실제 증여가 적발되어 증여세를 어마어마하게 냈다는 소식을 들었습니다. 이 경우 국세청에서는 몇 년 전까지의 자료를 찾아보나요?

A. 세법상으로는 15년 내 자료까지 추적 가능합니다. 그러나 일반적으로 상속세 신고 시에는 통상 10년 전 것까지, 자금출처 조사 시에는 최근 5년 전 것까지 조사합니다.

저가 양도? 약이 되는 케이스

지인이 1세대 1주택, 10년 보유 및 10년 거주, 시가 20억 원, 취득가액 5억 원일 때를 가정해서 단순 증여, 일부 증여, 저가 양도 중에서 무엇이 유리한지 물어왔다. 이를 표로 정리하면 아래와 같다.

구분	단순 증여	일부 증여 (20억 원 중 3억 원 증여)	3억 원 저가 양도 (20억 원 중 17억 원 수령)
양도세		1천6백만 원	2천8백만 원
증여세	6억 2천만 원	4천만 원	
취득세	8천만 원	6천8백만 원	6천6백만 원
합 계	7억 원	1억 2천4백만 원	9천4백만 원

① 단순 증여를 할 경우 증여세 6억 2천만 원, 취득세 8천만 원, 총 7억 원의 세

금을 부담해야 한다.

② 가장 통상적인 사례로 일부 증여가 있다. 매매대금 총 20억 원 중 증여자의 보증금 채무 12억 원을 수증자가 승계하고 5억 원의 양도 대금을 실제 지급한 뒤 나머지 3억 원을 증여하는 경우이다. 이때의 세금은 1억 2천4백만 원이다.

③ 양도를 하되 저가로 양도하는 방법이 있다. 특수관계인 사이라도 3억 원 정도 낮은 가격에 양도하는 것은 문제가 되지 않으므로 양도계약을 17억 원에 작성한다. 다만 부당행위계산부인 규정에 따라 양도가액은 20억 원이 되고, 이때의 세금 합계가 0.94억 원이 되므로 그냥 20억 원을 단순 증여하는 것보다 6억 원 이상의 세금을 절세하는 효과를 누리게 된다.

그런데 굳이 저가 양도를 하지 않고 일부 증여를 하는 두 번째 방법으로도 단순 증여에 비해 크게 세금을 줄일 수 있다. 3억 원 저가로 양도하는 경우, 일부 증여보다 3천만 원 정도의 세금을 덜 내지만 이렇게 줄어든 세금은 일부 증여냐 저가 양도냐의 차이에 의해 발생하는 것이 아니라 1세대 1주택 비과세에 해당하기 때문에 발생하는 것으로 볼 수 있다.

또한 저가 양도와 관련해서 생각해볼 문제가 세 가지 있다.

첫째, 세금 절감 효과는 1세대 1주택일 때에만 해당한다. 1세대 2주택이거나 (양도받은 물건이) 주택이 아니라면 세금이 더 많이 나올 수 있다.

둘째, 3억 원을 저가 양도하면 이후 취득가액은 20억 원이 아닌 17억 원만 인정받게 된다. 즉 영원한 절세 계획은 아니다.

셋째, 가장 우려되는 부분인데, 저가 양도는 국세청 공무원들이 좋아하지 않는 방법이다. 이는 뒤에서 내가 직접 국세청에서 근무하며 경험한 사례를 통해 설명하도록 하겠다.

관련 법령

저가 양수 또는 고가 양도에 따른 이익의 증여(상속세및증여세법 제35조)

1. 특수관계인 간의 증여세 과세

구분	수증자	과세 요건	증여재산가액
저가 양도	양수자	(시가 - 대가) ≥ min(시가30%, 3억 원)	(시가 - 대가) - min(시가30%, 3억 원)
고가 양도	양도자	(대가 - 시가) ≥ min(시가30%, 3억 원)	(대가 - 시가) - min(시가30%, 3억 원)

재산을 시가보다 낮은 가액으로 양도하는 경우에는 시가와 대가의 차액에 해당하는 이익이 실질적으로 양수자에게 무상으로 이전되는 효과가 발생하고 높은 가액으로 양도하는 경우에는 대가와 시가의 차액에 해당하는 이익이 실질적으로 양도자에게 무상으로 이전되는 효과가 발생하므로 이에 대하여 증여세가 과세된다.

2. 특수관계인 간의 양도소득세 과세

구분	납세 의무자	과세 요건	양도가액
저가 양도	양도자	(시가 - 대가) ≥ min(시가 5%, 3억 원)	시가

특수관계인에게 저가로 양도하는 경우 부당행위계산부인 규정(소득세법 101조)을 통해 양도소득세를 계산한다.

사례 아버지가 아들에게(특수관계인) 3억 원에 취득한 현재 시가 9억 원의 토지를 5억 원에 양도하는 경우(양도소득세는 아버지에게 별도로 과세하며 5년 보유 가정)

1. 아들이 부담해야 할 증여세 문제

① 시가−대가=9억 원−5억 원=4억 원

② min(시가 30%, 3억 원)=min(2.7억 원, 3억 원)=2.7억 원

③ (시가 - 대가) ≥ min(시가30%, 3억 원)이므로 과세 요건을 충족하여 증여세 과세 대상이 됨

④ 증여재산가액=4억 원−2.7억 원=1.3억 원

2. 아버지가 부담해야 할 양도소득세 문제

① 시가−대가=9억 원−5억 원=4억 원

② min(시가 5%, 3억 원)=min(0.45억 원, 3억 원)=0.45억 원

③ (시가 - 대가) ≥ min(시가 5%, 3억 원)이므로 양도소득세 부당행위계산부인 대상이 됨

양도가액 9억 원(부당행위계산 적용을 통해 양도가액은 시가로 본다)

취득가액 3억 원

양도차익 6억 원

장기보유특별공제 0.6억 원(5년 보유를 가정하여 장기보유특별공제 10% 적용)

양도소득금액 5.4억 원

기본공제 250만 원

과세표준 5.375억 원

세율 42%(누진공제 0.3594억 원)

산출세액 약 1.9억 원

저가 양도?
독이 되는 케이스

앞선 사례와 10년 보유 및 10년 거주, 시가 20억 원, 취득가액 5억 원이라는 가정은 모두 동일하다. 그런데 1세대 1주택 비과세가 아닌 경우를 살펴보자.

구분	단순 증여	일부 증여 (20억 원 중 3억 원 증여)	3억 원 저가 양도 (20억 원 중 17억 원 수령)
양도세		4억 3천1백만 원	5억 2천만 원
증여세	6억 2천만 원	4천만 원	
취득세	8천만 원	6천8백만 원	6천6백만 원
합 계	7억 원	5억 3천9백만 원	5억 8천6백만 원

① 단순 증여를 할 경우 앞의 사례와 똑같이 총 7억 원의 세금을 부담해야 한다.
② 일부 증여의 경우 12억 원의 보증금 승계, 5억 원의 양도 대금을 지급하고, 나

머지 3억 원을 증여하는 경우로, 세금이 5억 3천9백만 원 발생하여 1세대 1주택인 경우보다 현격히 상승한다.

③ 그런데, 3억 원을 저가 양도하는 경우는 어떨까? 오히려 증여세율보다 양도세율이 높아서 5억 8천6백만 원으로 (일부 증여한 경우보다) 4천7백만 원의 세금이 더 나온다. 즉, 저가 양도를 통해서 세금을 낮출 수 있는 경우는 1세대 1주택 비과세인 경우이거나, 양도차익이 크지 않은 경우뿐이다. 이처럼 절세 효과도 없는 데다 취득가액을 20억 원이 아닌 17억 원으로 인정받아 훗날 시세 상승으로 인한 효과를 보기는커녕 더 높은 양도세를 내야 하는 일이 생길 수도 있다. 저가 양도는 이처럼 조심해서, 신중히 휘둘러야 할 칼날이다.

저가 양도는 국세공무원들이 좋아하지 않는다

저가 양도는 세법에 크게 저촉되진 않지만 대부분의 국세공무원들이 좋지 않은 시선으로 바라본다. 특히 강남권에서 저가 양도를 통한 절세 계획하에 양도세 신고서를 제출하는 경우가 많다 보니 문제 삼는 경우가 종종 생긴다. 한편으로는 법을 잘 활용한 훌륭한 절세 방안이라고 볼 수도 있지만 20대 중반의 아들이 어머니 소유의 강남 주택을 돈을 거의 들이지 않고 취득한다면 나 같아도 의심의 눈초리로 바라볼 것이다.

바로 그런 사례가 한 조사관의 눈에 띄었고, 그는 먼저 신고서를 검토하여 해당 주택의 전입세대 열람을 살펴봤다. 그리고 양도 당시에 임차인이 있었고 그 임대 보증금을 아들이 승계했는데, 당초 임차인이 전출한 것을 발견했다. 조사관은 실제 그곳에 누가 거주하고 있는지를 확인하기 위해 아파트 관리사무실에 공문을 요청해 입주자 관리카드를 받아보았고, 아니나 다를까 양도를 받은 아들이 그 집에 살고 있다는 것을 확인했다.

더불어 임차인에게 내준 12억 원의 보증금도 아들이 아닌 어머니에게서 나왔다는 사실도 확인했다. 조사관은 12억 원이라는 자식의 채무를 어머니가 대신 낸 것으로 보아 증여세 3억 8천만 원을 추징했다.

차라리 처음부터 적절한 부담부 증여를 했다면, 조사관이 신고서를 그렇게 열심히 볼 일도 없었을 것이다.

한편 3억 원의 저가 양도를 통해 적절한 절세를 했고, 양도세 신고서도 흠 잡을 데가 없었는데, 자녀가 양도 전 부모님 집에 살면서 혜택을 보는 바람에 저가 양도가 문제가 된 사례도 있다. 이 사례는 당시 저가 양도 신고서를 검토한 지인을 통해 듣게 되었는데 구체적인 내용은 다음과 같다.

어머니가 자식에게 20억 원 상당의 집을 양도했다. 그 집에는 대출이 10억 원 있었고, 보증금은 없었다. 지인은 양도하기 전 그 집에 누가 살았는지 확인하는 과정에서 약 10년간 아들 내외가 살았다는 사실을 알게 되었다. 증여세 등 어떠한 비용도 치르지 않고 공짜로 10년을 거주한 것이다.

저가 양도 신고서를 검토하는 과정에서 세무서가 놓치기 쉬운 부분이기도 한데, 결국 적발해 증여세 5천만 원을 부과했다. 당시 저가 양도를 통해 혜택을 본 세금이 1천5백만 원이었는데, 그보다 세 배 이상의 증여세를 내게 된 것이다.

물론 부모님 집에서 공짜로 산다고 무조건 증여세를 내야 하는 건 아니다. 부모님과 같이 살지 않고, 부동산의 시가가 13억 1천8백만 원이 넘는다면, 그것은 5년마다 1억 원의 증여를 하는 것과 같은 효과로 보고 증여의 대상이 된다.*

---

* 〈국세청 아는형〉 채널을 함께하고 있는 최형석 세무사의 영상을 참고했다.

관련 법령

부동산 무상 사용에 따른 이익의 증여 (상속세및증여세법 제37조)

1. 타인의 부동산을 무상으로 사용하여 이익을 본 경우

① **과세 요건** 타인의 소유 부동산을 무상으로 사용하는 경우

② **납세 의무자** 부동산을 무상으로 사용한 자

③ **증여 시기** 사실상 부동산 무상 사용을 개시한 날. 5년 주기로 새롭게 증여한 것으로 본다.

④ **증여재산가액** $\dfrac{(부동산가액 \times 연\ 2\%)}{(1+0.1)^n}$, n = 평가 기준일 경과 연수

단, 부동산 무상 사용 이익이 **1억 원 이상인 경우**에만 과세한다

사례1 아버지가 소유한 시가 15억 원의 토지에 아들이 건물을 신축하여 해당 토지를 5년간 무상 사용한 경우 증여재산가액

1차 15억 원 × 2% / $(1+0.1)^1$ = 27,272,727원

2차 15억 원 × 2% / $(1+0.1)^2$ = 24,793,388원

3차 15억 원 × 2% / $(1+0.1)^3$ = 22,539,444원

4차 15억 원 × 2% / $(1+0.1)^4$ = 20,490,403원

5차 15억 원 × 2% / $(1+0.1)^5$ = 18,627,639원

합계 113,723,601원(증여재산가액)

증여재산가액이 1억 원 이상이므로 증여세가 과세된다.

> ### 2. 타인의 부동산을 무상으로 담보로 이용해 금전을 차입하여 이익을 본 경우
>
> ① **과세 요건** 타인의 부동산을 무상으로 담보로 제공하고 금전을 차입하여 이익을 얻은 자
>
> ② **증여재산가액** 차입금 × 적정이자율(현행 4.6%) − 실제로 지급한 이자
> 단, 증여재산가액이 **1천만 원 이상인 경우**에만 증여세를 과세한다.
>
> ③ **증여 시기** 차입 기간이 정해지지 않은 경우 차입 기간은 1년으로 하고 **매 1년마다** 증여세를 계산한다.
>
> **사례2** 아버지가 시가 15억 원의 토지를 아들에게 무상으로 담보로 제공하여 아들이 10억 원을 금융기관으로부터 차입한 경우
>
> 증여재산가액 = 10억 원 × 4.6% = 0.46억 원
>
> ⬇
>
> 증여재산가액이 1천만 원 이상이므로 증여세를 과세한다.

세 번째로 저가 양도가 문제가 된 사례는 실제 증여가 숨겨져 있었던 경우이다. 예를 들어 앞서 제시한 사례를 가져와보자. 20억 원 아파트를 17억 원에 저가 양도하면서 자녀가 보증금 12억 원을 승계하고 자신의 자금 5억 원을 부모에게 지급한다는 가정을 했는데, 그 5억 원 중 일부에 사실상 증여가 숨겨져 있었던 것이다.

이는 사실 내 지인의 사례였다. 지인의 아들은 연봉이 5천만 원으로 본인이 모은 금액은 1억 5천만 원 수준이었고, 나머지 3억 5천만 원은 5년 전 결혼할 때 부모가 내준 전세 비용이었다. 3억 원 저가 양도를 통해서 최대 3천만 원을 아끼려다 오히려 5억 원의 자금에 대한 철저한 자금출처 확인으로 이어진 경우인데, 결과적

으로 아낀 세금보다 두세 배는 많은 세금이 추징되었다. 그러니 절세를 하고자 한다면 본인의 상황을 명확하게 인식하고 신중하게, 장기적인 시각에서 계획을 세우도록 하자.

부담부 증여, 부동산 증여 시 고려할 만한 절세 방법

부동산을 증여하러 오는 분들의 공통된 첫마디 말이 있다.

"어떻게 하면 세금을 적게 낼까요?"

상황은 모두 다른데, 목표는 하나다. 그러면 나는 몇 가지 질문을 한다.

① 현재 시가(모르는 경우, 기준 시가를 조회하고 유사매매사례가액을 조회하고, 소급 감정 평가 대상인지 등을 살펴야 한다.)
② 부동산의 취득가액 및 필요경비(모르는 경우, 환산가액 적용 가능 여부를 검토해야 한다) 및 보유 기간
③ 부동산 관련 대출 및 보증금 채무
④ 수증인이 증여인에게 지급할 수 있는 최대한의 금액(이번 사례에서는 부담부 증여와 단순 증여를 비교하기 위해 없다고 가정하겠다.)

부담부 증여란 부동산을 자녀에게 증여할 때 해당 부동산에 잡혀 있는 전세보증금이나 은행 대출 등의 채무를 함께 수증자에게 넘김으로써 이후 수증자인 자녀가 채무를 상환하는 방법이다. 부모가 만약 자녀에게 부담부 증여를 한다면 전체 부동산 가액 중 보증금 및 채무액은 부모의 양도소득세 과세 대상이 되며, 나머지 가액이 자녀의 증여재산이 된다.

거의 대부분 단순 증여보다는 부담부 증여가 세금이 적게 나오지만, 실제로 계산을 해봐야 그 차이를 알 수 있다. 일반적인 사례로 건물 시가 20억 원(보증금 채무 5억 원), 취득가액 5억 원, 보유 기간 10년인 상태에서 어머니가 아들에게 증여하는 경우를 계산해보겠다.

구분	금액	구분	금액
양도가액	500,000,000	증여가액	1,500,000,000
취득가액	125,000,000	증여공제	50,000,000
양도차익	375,000,000	과세표준	1,450,000,000
장기보유특별공제	75,000,000	세율	40%
양도소득	300,000,000	누진공제	160,000,000
기본공제	2,500,000	산출세액	420,000,000
과세표준	297,500,000		
세율	38%		
누진공제	19,940,000		
산출세액	93,110,000		
주민세	9,311,000		
양도세 합계	102,421,000	양도세 및 증여세	522,421,000

그런데 위와 동일한 가정하에 부모가 자녀에게 보증금 부담을 지우고 싶지 않아

보증금 채무를 부모가 갚겠다는 내용을 증여계약서에 포함시켰다고 생각해보자. 자녀의 부담을 최소화하려는 부모의 마음은 대단하지만 사실 부모도 그리 여유가 있는 편이 아니라면 곧바로 그 결정을 후회하기 쉽다. 이 경우 세금은 다음과 같다. 결론부터 말하자면 부담부 증여를 섞은 경우보다 세금이 1억 원 가량 늘어난다.

구분	금액	구분	금액
양도가액	-	증여가액	2,000,000,000
취득가액	-	증여공제	50,000,000
양도차익	-	과세표준	1,950,000,000
장기보유특별공제	-	세율	40%
양도소득	-	누진공제	160,000,000
기본공제	-	산출세액	620,000,000
과세표준	-		
세율	-		
누진공제	-		
산출세액	-		
주민세	-		
양도세 합계	-	양도세 및 증여세	620,000,000

또 다른 경우로, 세금을 낮추기 위해서 미리 더 대출을 받고 부담부 증여를 하는 경우도 예상해볼 수 있다. 예를 들어 5억 원의 대출을 추가로 받아 그 돈은 본인의 생활비로 쓰고, 대출금은 자녀가 갚아나가는 식으로 가족 전체가 부담하는 세금을 낮춰보겠다는 사람이 있다고 상상해보자. 물론 이 경우 은행 대출이 가능하고 자녀에게 대출을 갚을 능력이 있다는 것을 전제한다. 결론부터 말하면 단순 부담부 증여를 하는 경우보다 양도세와 증여세를 약 6천만 원 정도 절감할 수 있다. 만약 여

기서 증여를 자녀 한 명에게만 하는 게 아니라 자녀와 며느리(사위) 각각에게 할 경우 절세 효과는 더 커진다.

구분	금액	구분	금액
양도가액	1,000,000,000	증여가액	1,000,000,000
취득가액	250,000,000	증여공제	50,000,000
양도차익	750,000,000	과세표준	950,000,000
장기보유특별공제	150,000,000	세율	30%
양도소득	600,000,000	누진공제	60,000,000
기본공제	2,500,000	산출세액	225,000,000
과세표준	597,500,000		
세율	42%		
누진공제	35,940,000		
산출세액	215,010,000		
주민세	21,501,000		
양도세 합계	236,511,000	양도세 및 증여세	461,511,000

이월 과세?
증여분이 2023년 이전인지 이후인지 확인하자

"염 세무사, 내가 너무 바빠서 그러는데 이 양도세 신고서 대신 좀 작성해줄 수 있을까?"

내 주변에는 훌륭한 세무사가 손에 꼽을 수 없을 정도로 많다. 같은 업종에 있는 선후배 사이로 서로 배울 점이 많다고 생각해 두루 인연을 맺게 되었는데, 다들 바쁘다 보니 가끔 양도세 신고서 작성 같은 업무를 대신해주는 경우가 있다. 실력 있는 세무사와 함께 일을 하다 보면 자연스럽게 배우는 게 있고, 덩달아 소소한 수익도 생기니 나는 되도록 이런 제안을 뿌리치지 않는다.

그런데 한번은 신고서 작성을 부탁한 선배가 "이월 과세가 적용되는 건이니, 취득가액을 배우자의 취득가액으로 계산해야 할 거 같아"라는 말을 덧붙였다. 그런데 해당 건은 배우자로부터 증여받은 시점이 2017년 경이다. 이월 과세 규정이 5년에서 10년으로 늘어난 건 2023년 이후 증여분부터인데, 너무 바쁘니 선배도 헷갈렸던 것 같다. 우리는 서로 놓친 부분이 없는지 빠짐없이 확인하며 약 일주일간 협의를 거쳐 결국 올바른 양도세 금액을 계산해냈다.

아무리 훌륭한 세무사라고 하더라도, 고액의 양도세 신고서를 작성하는 일은 부담스럽지 않을 수 없다. 가끔 정에 이끌려 양도세 신고서를 헐값에 작성하는 나를 보고 친한 세무사가 "그렇게 싸게 할 거면 하지 마. 그러다가 실수라도 하면 어쩌려고 해?" 하는 걱정 섞인 핀잔을 건넨 적이 있다.

세무사로 일하며, 특히 재산세 신고처럼 까다로운 작업을 하다보면 문득 살얼음판을 걷는 것 같다는 느낌을 받을 때가 있다. 이 때문에 세무사는 보험을 들기도 하고, 때로는 소송에 휘말리기도 한다. 잘해봐야 본전일 때가 많다는 이야기다.

그러나 세무사라는 직업은 그 모든 단점을 상회할 만한 매력이 있다고 생각한다. 아무나 할 수 없는 직업이기 때문이다.

관련 법령

양도소득세 이월 과세(소득세법 제97조의 2)

배우자 또는 직계존비속에게 토지·건물·분양권·조합원 입주권·특정 시설물 이용권을 증여하고 10년 이내에 양도 시 이월 과세를 적용(당초 증여자의 취득가액 및 취득 시기를 적용)한다.

2025년 세법 개정안에 따르면 양도일 전 1년 이내에 증여받은 주식도 양도소득세 이월 과세 적용 대상 자산에 포함된다(2025년 1월 1일 이후 증여받은 분부터 적용).

적용 요건

양도일 직전 10년 이내에 배우자 또는 직계존비속으로부터 증여받은 토지·건

물·부동산을 취득할 수 있는 권리(분양권, 조합원 입주권) 등을 양도하는 경우

적용 효과

① 취득가액: 증여한 배우자 또는 직계존비속의 취득 당시 취득가액

② 취득 시기: 증여한 배우자 또는 직계존비속이 해당 자산을 취득한 날(이를 기준으로 장기보유특별공제도 계산한다.)

③ 증여세의 처리: 기 납부한 증여세 산출세액은 필요경비에 산입한다

④ 자본적 지출: 증여자의 자본적 지출액을 경비로 인정한다

> **사례1** 남편이 A주택을 2013년 3월 5일에 3억 원에 취득하여 2020년 3월 5일에 시가 6억 원으로 배우자에게 증여하였고(증여공제 6억 원으로 증여세 산출세액 0원), 배우자가 그 A주택을 2023년 6월 5일에 7억 원에 양도하는 경우, 배우자의 양도소득세는 다음과 같다.

양도가액 7억 원

- **취득가액** 3억 원(이월 과세 적용으로 남편의 취득가액을 적용한다.)

양도차익 4억 원

장기보유특별공제 0.8억 원(남편이 취득한 2013년 3월 5일부터 기산하여 10년 보유 20% 적용)

양도소득금액 3.2억 원

기본공제 250만 원

과세표준 3.175억 원

산출세액 1.01억 원

> **사례2** 만약 남편이 A주택을 2013년 3월 5일, 3억 원에 취득하고 2020년 3월 5일, 시가 6억 원으로 배우자에게 증여한 것은 동일한데, 배우자가 2025년 6월에 A주택을 양도했을 경우는 다음과 같다.

양도가액 7억 원

취득가액 6억 원(배우자가 증여받아 취득한 가액)

양도차익 1억 원

장기보유특별공제 0.1억 원(배우자가 취득한 2020년 3월 5일부터 기산하여 5년 보유 10% 적용)

양도소득금액 0.9억 원

기본공제 250만 원

과세표준 0.875억 원

산출세액 0.152억 원(세액 약 0.85억 원 감소)

염지훈 세무사가 알려주는 쉬운 세금 이야기

PART 3

현금 입출금 및 계좌이체

현금 인출 천만 원 이하는 괜찮을까?

〈국세청 아는형〉 유튜브 채널을 개설하고 가장 처음으로 제작한 영상의 주제가 바로 현금 인출과 관련된 것이었다. 가장 뜨거운 관심을 받을 수 있는 주제라 생각해 선택한 것인데, 현재까지 130만이 넘는 조회수를 올렸으니 내 예상이 빗나가지는 않은 것 같다.

그렇다면 왜 사람들이 이 주제에 관심을 가지는 것일까? 아마도 현금 인출이라는 아주 일상적인 일이 문제가 될 수도 있다는 것을 처음으로 인지해서일 수도 있고, 과연 얼마까지, 어떻게 인출해야 문제가 되지 않을지 누구도 정확하게 말하지 못하기 때문이기도 할 것이다.

실제 세무서에서 일하던 시절, 상속세를 조사하는 과정에서 고인이 생전에 현금을 빈번하게 출금한 사실을 발견한 적이 있다. 고인은 천만 원이 넘지 않는 금액을 수시로 출금했다. 조사 기간 내내 상속인을 몰아붙이면서 고인이 출금한 돈이 어디로 흘러들어갔는지를 물었지만 상속인들은 돌아가신 분의 현금 흐름을 자신들이 어떻게 알겠느냐며 딱 잡아뗐다.

하지만 이들은 상속세 조사 과정에서 기본적으로 과거 10년간의 입출금 내역을 모두 조회할 수 있으며, 이는 상속인의 경우에도 마찬가지라는 사실을 몰랐던 것 같다. 상속인들의 통장을 확인하니 아니나 다를까 해당 현금의 흔적들이 나오기 시작했고, 상속인들이 취득한 건물에서도 그 흔적을 발견해 결국 증여세 및 상속세 수억 원을 고지했다.

물론 현금 인출을 몇 번 한다고 곧바로 조사 대상이 되는 것은 아니다. 그러나 상속, 부동산 취득, 탈세 제보, 차명계좌 사용 등의 조사 사유 발생 시 현금 인출이 있었다면 더 엄격하게 조사받을 수 있으며, 고의성이 있는 것으로 의심받기 충분하다. 또한 도가 지나친 현금 인출은 위 사례에서 알 수 있듯, 그 자체로도 조사 대상으로 선정될 가능성이 높으니 주의해야 한다.

현금 입금은 괜찮을까?

국세청에서는 현금 출금만이 아니라 현금 입금도 세금 탈루 의도가 있을 수 있다고 보고 예의 주시한다. 과거 매일 일정 수준의 현금을 입금하는 회사가 있어 세금 탈루 의도가 있는지를 확인하기 위해 조사를 나간 적이 있었다. 조사 결과, 대표가 특정 직원을 시켜서 대표자 명의가 아닌 차명계좌에 꾸준히 현금을 입금한 사실을 적발해 그 부분에 대해 누락한 금액 이상의 세금을 부과했다.

이처럼 세금 탈루 혐의가 입증될 경우 상당한 세금이 부과될 수 있는데 면세 사업자가 1억 원을 누락했을 경우 최고세율 납부자의 예상세액을 계산하면 다음과 같다.

소득세 1억 원 × 45% = 0.45억 원(주민세 별도)
신고불성실 가산세 0.45억 원 × 40% = 0.18억 원
납부지연 가산세 0.45억 원 × 0.022% × 1,095일(3년 후 추징을 가정) = 0.11억 원

현금영수증 미발급 가산세 1억 원 × 20% = 0.2억 원

합계 0.94억 원

만약 해당 탈세자가 부가세 과세사업자일 경우 누락한 금액보다 세금이 더 나올 수 있다.

소득세 1억 원 × 45% = 0.45억 원(주민세 별도)

신고불성실 가산세 0.45억 원 × 40% = 0.18억 원

납부지연 가산세 0.45억 원 × 0.022% × 1,095일(3년 후 추징을 가정) = 0.11억 원

현금영수증 미발급 가산세 1억 원 × 20% = 0.2억 원

부가세 1억 원 × 10% = 0.1억 원

신고불성실 가산세 0.1억 원 × 40% = 0.04억 원

납부지연 가산세 0.1억 원 × 0.022% × 1,095일(3년 후 추징을 가정) = 0.024억 원

합계 1.1억 원

세금으로만 끝나면 다행이다. 위 사례의 경우 조세 범칙 조사로 전환해 통고 처분까지 내렸는데, 통고 처분이란 고의로 세금을 누락한 사람에게 세금 외에 벌금을 부과하는 것을 말한다. 포탈 세액이 연간 5억 원 이상인 경우 (탈루 세액의) 두 배 이상의 벌금에 징역형도 병과될 수 있다.

① **탈루 세액이 연간 5억 원 미만인 경우 아래와 같이 조세범처벌법을 적용받는다.**
- 초범인 경우: 1억 원 × 50%(포탈 세액의 0.5배)
- 3년 이내 누범의 경우: 1억 원 × 100%(또는 200%)(포탈 세액의 1배, 2배)

② **탈루세액이 연간 5억 원 이상인 경우 아래와 같이 특정범죄가중처벌등에관한법률의**

적용을 받는다.

- (포탈 세액이 10억 원인 경우) 10억 원 × 200% = 20억 원(포탈 세액의 2배~5배, 징역형 병과)

그밖에도 건강보험공단에서 늘어난 세금에 대해 추가로 건강보험료를 부과하니 세금 탈루는 곧 패가망신으로 이어질 수 있다는 것을 잊지 않았으면 한다.

위에서는 사업체를 예로 들어 설명했지만 현금 입금을 통한 개인의 세금 탈루도 마찬가지로 엄격한 단속 대상이다. 과거 출처를 알 수 없는 현금을 빈번하게 입금한 사례를 조사한 적이 있다. 그 사람은 특별한 소득이 없으면서 10억 원 상당의 고액 임차 보증금과 수억 원의 예금을 가지고 있었다. 소득을 누락해 신고했거나 증여세 신고를 누락했다는 혐의를 가지고 조사를 실시했는데, 조사 과정에서 그 사람의 관련 계좌뿐 아니라 증여한 사람을 특정하기 위해 가족 계좌까지 확인한 결과 수억 원의 세금과 가산세를 부과했다.

자금출처 부족액 20억 원
5년간 10억 원 소득세 신고 누락분에 대한 소득세 4억 원
5년 간 5억 원 증여세 신고 누락분에 대한 증여세 1.4억 원
(상기 가산세 포함 금액)

현금 입출금 통보에서 조사 착수까지

그렇다면 현금 거래와 관련해 국세청은 어떤 과정을 거쳐 조사 대상을 결정하고 조사에 착수할까?

우리나라에는 고액현금거래보고제도(CTR)가 있는데, 동일 금융기관에서 하루 1천만 원 이상의 현금을 입출금할 경우, 거래자의 신원과 거래 일시, 거래 금액 등을 금융정보분석원(FIU)에 자동으로 보고하는 제도를 말한다. 그 외에도 금액에 상관없이 금융기관이 고객과의 거래에서 자금세탁 등의 의심스러운 정황을 발견하는 경우 이를 금융정보분석원에 보고하는 혐의거래보고제도(STR)도 있다.

여기서 공통으로 등장하는 금융정보분석원이란 금융기관을 이용해 범죄 자금을 세탁하거나 외화가 불법 유출되는 것을 막기 위해 2001년 11월에 설립된 금융위원회 산하 기관으로, 금융기관에서 보내온 자료를 분석해 국세청 등에 제공하는 역할을 한다. 금융정보분석원의 인적 구성을 보면 검찰청, 금감원, 국세청, 관세청, 경찰청에서 파견 나온 직원들로 이루어져 의심 거래에 대해 분석을 하고, 분석 내용을 관계 기관에 통보하기 용이하게 구성되어 있다.

그렇다면 국세청은 금융정보분석원에서 통보한 내용을 어떻게 처리할까? 먼저 통보받은 내용을 재검토해 조사 대상을 걸러낸다. 그중 일부는 정기 조사 대상이 되거나 일부는 사전통지 없이 들이닥치는 비정기 예치 조사의 대상이 된다. 조사 주체는 금액의 중요성에 따라 세무서[*]가 되기도 하고 지방국세청 조사국[**]이 되기도 한다.

그렇다면 어떤 거래가 의심 거래로 통보될까? 의심 거래를 최초로 보고하는 곳은 은행이다. 언젠가 은행에서 30년을 근무한 지인에게 이를 물어본 적이 있는데, 기본적으로 나이나 직업, 빈도를 종합적으로 고려하되 판단은 주관적으로 내린다는 답을 얻었다. 또한 은행들이 의심 거래 보고 대상을 경쟁적으로 보고하게끔 유도하는 장치가 있으며, 지점별로 준법감시인을 지정하여 관리한다고 한다.

결론적으로 현금의 입금과 출금은 신중히 행할 필요가 있다. 금방 인출할 돈이면 가급적 입금하지 않는 것을 권하고, 만약 입금 및 출금을 꼭 해야 하는 상황이라면 은행을 분산해 작은 금액으로 나누어 처리하는 것이 좋다. 무엇보다 의심을 살 수 있는 거래는 애초에 하지 말자.

---

[*] 서울청 산하 세무서 28곳을 포함, 전국 100여 개 세무서 내 조사과가 담당한다.
[**] 서울청 산하 5개 조사국을 포함, 7개 지방청의 조사국이 담당한다.

가족 간 계좌 거래가 가족 회사 조사로 이어진 사례

10년 전쯤, 가족 간 의심스러운 계좌 거래 정황을 조사하는 것을 옆에서 지켜본 적이 있다. 삼십 대의 젊은 남성이 부동산을 취득했는데, 자금출처 조사를 받는 과정에서 5억 원 이상의 자금이 부족한 것이 드러났다. 이뿐 아니라 지난 1년 6개월간 이 남자의 통장으로 천만 원 이하의 금액이 꾸준히 입금되어 총 2억 원의 현금이 입금되었다는 사실도 적발되었다.

조사팀에서는 당연히 이 금액을 부모로부터 증여받았다고 생각했다. 그러나 부모가 이 금액을 증여했다면 그에 대응되는 신고 소득이 있어야 하는데, 그게 보이지 않았다. 국세청은 주민등록번호만 있으면 총 사업내역을 조회할 수 있어 그 방법으로 부모가 ○○시장에서 옷가게를 운영한다는 사실을 확인하고, 전산상의 과세자료에 근거해 매출 누락 혐의를 두고 조사 대상으로 선정했다. 그리고 사전통지 없이 조사를 착수한 첫 날 옷가게를 방문했다.

조사를 시작하자마자 조사관은 카운터 뒤에 서 있던 종업원이 엉거주춤한 몸짓으로 포스트잇 한 장을 살짝 떼어내는 것을 발견했다. 옷값을 입금하는 차명계좌였다. 해당 차명계좌를 확보하고 사실상 조사는 끝이 났다.

차명계좌에는 5년간 누적된 신고 누락 매출액 10억 원이 잠들어 있었고, 그리하여 그에 따른 부가세, 소득세 및 각종 가산세만 8억 원이 추징되었다. 뿐만 아니라 아들은 증여받은 금액에 대한 증여세 및 가산세 1억 5천만 원을 추가로 내게 됐다. 매출 누락에 따른 세금과 증여세를 합해 총 9억 5천만 원을 내게 된 것이다. 만일 처음부터 5억 원을 투명하게 증여하여 성실하게 증여세 9천만 원을 냈다면 이런 세금 폭탄은 피할 수 있었을 것이다.

☑ <국세청 아는형>에게 물어보세요

Q. 부모님이 과거 집을 장만하실 때 1천만 원이 조금 넘는 돈을 잠깐 빌려드리고 몇달 후에 이자를 붙여서 돌려받은 적이 있는데 이 경우도 상호 증여로 보고 신고해야 할까요?

A. 원칙적으로 현금은 상호 증여로 볼 수 있다고 하지만 실무적으로 위와 같은 경우는 거의 증여로 보지 않습니다. 다만 금액이 크다면 서로 차용증 및 반환증을 작성하는 것이 안전합니다.

Q. 곧 부모님이 이사를 하시는데 도배, 장판 등의 작업을 해야 해서 이사 갈 집에 하루 먼저 돈을 보내야 할 일이 생겼습니다. 제게 3천만 원 정도만 빌려달라고 하시는데, 계좌이체를 하더라도 고작 하루 정도이니 차용증을 쓰지 않아도 문제 되지 않겠지요?

A. 3천만 원 정도의 금액을 초단기로 빌려드리는 거라면 이체내역이 있으니 차용증을 쓰지 않아도 괜찮을 것입니다.

Q. 어머니가 아들에게 5천만 원. 며느리에게 1천만 원, 손주 둘에게 각각 2천만 원씩 증여했을 때 증여받은 금액을 모아 아들의 아파트 대출금 1억 원을 갚아도 상관없을까요? 손주 입장에서 보면 본인이 증여받은 돈으로 부모 명의의 대출금을 변제하는 꼴이어서 또 다른 세금 문제가 발생하지 않을지 확인하고자 합니다.

A. 어머니가 아들에게 직접 1억 원을 증여한 것으로 보거나, 또는 손주 등이 아버지에게 5천만 원을 증여한 것으로 볼 여지가 있습니다.

가족 간 계좌 거래로 가공경비 적출 사례

이번 사례도 자녀에게 부동산을 마련해주는 과정에서 증여세를 아끼려다 벌어진 일이다. 아버지는 법인의 대표이사였고, 마흔 살인 아들이 있었다. 이 아들에게 늦게나마 약 10억 원 상당의 아파트를 증여하려고 했는데 주변에서 "아들 나이 마흔에 대출 5억 원을 끼고 10억 원짜리 아파트를 산다고 하면 절대로 조사 나올 일이 없다"는 이야기를 들었다. 여기에 귀가 솔깃한 아버지는 5억 원을 편법으로 증여하기로 마음먹었다.

아버지가 아들에게 5억 원을 곧바로 보내면 문제가 생길 수 있으니, 아버지가 운영하는 법인에 아들과 며느리가 근무하는 것으로 위장하여 3년간 약 3억 원을 급여 명목으로 지급했다. 그리고 같은 기간 동안 이런저런 가공경비를 만들어 차명계좌에 모았다가 그 계좌에서 현금을 조금씩 인출해 아들에게 총 2억 원을 추가로 보냈다.

조사반장은 아들과 며느리가 실제 근무했는지 여부를 확인하기 위해 아버지가 운영하는 법인을 동시에 조사 대상으로 선정했다. 조사팀은 가장 먼저 회사 건물 관리소를 통해 아들 내외의 외제차가 등록되어 있는지 확인했다. 차량 등록조차 되어 있지 않았다. 아들과 며느리는 대중교통을 이용했다고 주장했지만 교통카드 내역을 제출하라고 하니 그제서야 실제 근무하지 않았음을 실토했다.

이와 별개로 가공경비를 만들어서 아들에게 2억 원을 주기 위해 활용했던 차명계좌에 5년간 약 10억 원의 누적 비자금이 조성된 사실도 추가로 적발했다. 결과적으로 5억 원에 대한 증여세 약 9천만 원을 아끼려다가 법인 및 대표자 상여로 10억 원이 넘는 세금을 내고, 증여세는 증여세대로 가산세 포함해서 1억 5천만 원을 내는 것으로 이 사건은 마무리되었다.

어디까지가 생활비인가?

상속세나 증여세 조사를 시작하면 생활비를 얼마까지 인정할 것인가를 두고 갑론을박이 벌어지곤 한다. 지금으로부터 10년 전쯤 세무서에서 일할 때 5백만 원이 넘는 피상속인의 출금액을 생활비로 소명한 적이 있는데, 우리 팀에서 가장 무서웠던 선배로부터 5백만 원이 넘는 금액이 어떻게 생활비가 될 수 있느냐며 야단을 맞았던 기억이 난다. 그때는 선배 말이라 무조건 따랐지만, 지금에 와서는 피상속인의 생활비는 수년 동안 그 사람의 소비 패턴으로 파악해야 한다고 생각한다.

만일 사망 직전에 현금 출금이 갑자기 이유 없이 늘어난다면 생활비로 판단하기 어려울 것이다. 물론 여기서 병원비나 간병비는 제외된다. 상속인 및 수증인의 생활비는 생활비를 받는 사람의 능력, 관계, 금액 규모, 받은 금액의 사용 형태 등으로 판단할 사항이다.

예를 들어 취업한 아들에게 용돈을 주거나 아버지가 소득이 있는데도 할아버지가 손주에게 학비를 주는 경우, 혹은 용돈이라도 그 액수가 사회 통념을 넘는 수준인 경우, 용돈이 소비로 이어지지 않고 주식 등의 자산 취득에 쓰이는 경우 등은 실무적으로 모두 증여로 보고 있다.

반면 분가를 했으나 장애가 있는 4~50대 자녀에게 현금 지원을 하는 경우, 부모가 능력이 없어서 조부모가 손주의 학비를 대신 내주는 경우, 소득이 없는 자식의 카드 대출을 대신 갚는 경우 등은 증여로 볼 수 없을 것이다.

관련 법령

생활비 관련 상속세및증여세법의 규정

상속세및증여세법 제46조 【비과세되는 증여 재산】
다음 각 호의 어느 하나에 해당하는 금액에 대해서는 증여세를 부과하지 아니한다.

5. **사회 통념상 인정되는** 이재 구호 금품, 치료비, **피부양자의 생활비**, 교육비, 그밖에 이와 유사한 것으로서 대통령령으로 정하는 것

상속세및증여세법 시행령 제35조 제4항 【비과세되는 증여 재산의 범위 등】
학자금 또는 장학금 기타 이와 유사한 금품
기념품·축하금·부의금 기타 이와 유사한 금품으로서 통상 필요하다고 인정되는 금품
혼수용품으로서 통상 필요하다고 인정되는 금품
(이하 생략)

(관련 예규_서면인터넷방문상담4팀-2163, 2007. 7. 12.)
증여세가 비과세되는 피부양자의 생활비 및 교육비에 해당되는지 여부는 증

여자와 수증자와의 관계, 수증자가 증여자의 민법상 피부양자에 해당하는지 여부, 수증자의 직업·연령·소득·재산 상태 등 구체적인 사실을 확인하여 판단할 사항임.

(관련 예규_재삼46014-394, 1994. 02. 15.)
부양 의무자 상호 간의 치료비·생활비 또는 교육비로서 통상 필요하다고 인정되는 금품에 대하여는 증여세를 부과하지 아니함.

(관련 예규_재산세과-248, 2009. 01. 21.)
타인의 증여에 의하여 재산을 취득한 자는 상속세및증여세법 제2조 및 제4조의 규정에 의하여 증여세를 납부할 의무가 있으나, 같은 법 제46조 규정에 의하여 사회 통념상 인정되는 치료비, 피부양자의 생활비로서 당해 용도에 직접 지출된 금품의 가액에 대하여는 증여세가 부과되지 않습니다. 이 경우 필요 시마다 직접 이러한 비용에 충당하기 위하여 증여로 취득한 재산이 아니라 치료비, 생활비 등의 명목으로 취득한 재산을 예적금하거나 일시에 지급받아 부동산 등의 매입 자금 등으로 사용하는 경우에는 증여세가 비과세되는 치료비, 생활비 등에 해당하지 않습니다.

☑ <국세청 아는형>에게 물어보세요

Q. 저는 전업주부입니다. 남편의 급여 통장에서 매달 계좌이체로 350만 원을 받고 있는데 이것도 증여로 봐야 하나요?

A. 증여로 처리하지 않아도 크게 문제되지 않는 금액입니다. 다만 해당 금액으로 주식을 사거나 부동산을 취득하는 경우에는 문제가 될 수 있습니다.

Q. 현재 친정아버지와 함께 살고 있습니다. 아버지가 매달 생활비 명목으로 150만 원씩을 주십니다. 이를 1년으로 계산하면 1,800만 원이고, 3년 이상이면 5천만 원이 넘더라고요. 아버지가 홀로 생활하는 게 어려워 딸인 제게 생활비를 주면서 함께 사는 것인데, 이 경우도 증여로 봐야 할까요?

A. 생활비를 분담하는 것으로 본다면 증여가 아닐 듯한데, 실제 생활비 사용내역을 보고 사실을 판단해야 할 사항입니다.

염지훈 세무사가 알려주는 쉬운 세금 이야기

PART

명의신탁

부동산 명의신탁의 결말: 세금과 과태료

부동산 명의신탁은 저마다 특수한 사정이 있어 부동산 취득 시 공공연하게 활용되고 있지만 아주 위험한 방법이다.

국세청에서 근무할 당시, 재산이 없는 동생 명의로 부동산을 명의신탁한 사례를 접한 적이 있다. 흔히들 종부세 같은 세금 문제를 피하기 위해서나 (사업을 하는 사람인 경우) 매출 누락 대금으로 부동산을 취득하여 자금출처를 밝히기 어렵다는 이유로 명의신탁을 택하는데, 이분의 경우에는 전자에 해당했던 것 같다.

어쨌든 이 사람은 동생 명의로 20억 원 상당의 상가를 샀다. 그러다 이 상가 근방에 지하철이 개통되면서 입지가 대박이 나서 50억 원에 팔아 무려 30억 원의 시세차익을 보았다. 이때 시세차익 30억 원에 대해서 약 7억 원이 넘는 세금이 나왔는데, 이 사람은 신고도, 납부도 하지 않았다. 부동산은 동생 명의였고, 동생은 다른 재산이 없으니 세금을 내지 않아도 압류당할 게 없다고 자신했다.

이 모든 것이 철저한 계획하에 이루어졌다고 판단한 것은 취득 이전 자금출처 단계부터 임대료 수령까지 철저히 본인의 계좌가 아닌 동생의 계좌를 활용하는 방법을 썼기 때문이다. 심지어 부동산 매각 대금 또한 수표로 받아서 동생 계좌에 입금했다가 그것을 백만 원짜리 수표로 바꿔서 그 수표를 소비하는 수법을 이용했다. 조사팀이 명의신탁이라는 사실을 입증하기 어려웠던 이유도 여기에 있다.

그러나, 결국은 다 잡힌다.

조사팀은 계좌를 추적하고 수표의 최종 사용인을 추적한 끝에 명의신탁 사실을 발견했고, 실제 부동산 명의인에게 세금을 과세했다. 그 과정에서 무신고 가산세 40퍼센트 및 4년간의 납부지연 가산세까지 합해 약 13억 원 정도의 세금을 부과했다. 덧붙여 조세범처벌법에 따른 처벌 사항으로 경찰에 고발 조치했고, 부동산실권리자명의등기에관한법률 위반으로 기준시가의 30퍼센트에 해당하는 약 10억 원의 과징금을 부과했다.

당시 무슨 열정이 있어 그리 열심히 조사에 임했는지 모르겠다. 조사 기간 내내 나를 믿고 따라주었던 두 명의 조사팀원에게 이 자리를 빌려 고맙다는 인사를 전한다.

이처럼 명백하게 조세 포탈 목적으로 명의신탁을 하는 경우가 아니라 할지라도 부동산 명의신탁은 끝에 가서는 대부분 좋지 않은 결론으로 이어지기 쉽다. 대표적으로 명의신탁을 했다가 시간이 지나 부동산 가치가 훌쩍 올라버려 문제가 커지는 경우가 종종 발생하는데, 그럴 때를 대비해서라도 미리 실명으로 되돌리는 것을 권한다.

관련 법령

조세 포탈과 관련된 조세범처벌법 규정

조세범처벌법 제3조 【조세 포탈 등】

① 사기나 그 밖의 부정한 행위로써 조세를 포탈하거나 조세의 환급·공제를 받은 자는 2년 이하의 징역 또는 포탈 세액, 환급·공제받은 세액(이하 '포탈 세액 등'이라 한다)의 2배 이하에 상당하는 벌금에 처한다. 다만, 다음 각 호의 어느 하나에 해당하는 경우에는 3년 이하의 징역 또는 포탈 세액 등의 3배 이하에 상당하는 벌금에 처한다.

  1. 포탈 세액 등이 3억 원 이상이고, 그 포탈 세액 등이 신고·납부하여야 할 세액(납세 의무자의 신고에 따라 정부가 부과·징수하는 조세의 경우에는 결정·고지하여야 할 세액을 말한다)의 100분의 30 이상인 경우

  2. 포탈 세액 등이 5억 원 이상인 경우

⑥ 제1항에서 "사기나 그 밖의 부정한 행위"란 다음 각 호의 어느 하나에 해당하는 행위로서 **조세의 부과와 징수를 불가능하게 하거나 현저히 곤란하게 하는 적극적 행위**를 말한다.

  1. 이중장부의 작성 등 장부의 거짓 기장

  2. 거짓 증빙 또는 거짓 문서의 작성 및 수취

  3. 장부와 기록의 파기

  4. 재산의 은닉, 소득·수익·행위·거래의 조작 또는 은폐

  5. 고의적으로 장부를 작성하지 아니하거나 비치하지 아니하는 행위 또는 계산서, 세금계산서 또는 계산서합계표, 세금계산서합계표의 조작

6. 조세특례제한법 제5조의 2 제1호에 따른 전사적 기업 자원 관리 설비의 조작 또는 전자세금계산서의 조작
7. 그 밖에 위계에 의한 행위 또는 부정한 행위

※ 사기 기타 부정한 행위란 조세의 부과와 징수를 불가능하거나 현저히 곤란하게 하는 적극적인 행위를 말하는 것으로서 단순히 세법상의 신고를 하지 아니하거나 허위의 신고를 함에 그치는 것은 해당하지 않는다(대법원 97도2429, 1998. 05. 08.)

부동산 명의신탁 해결하기

최근 들어 부쩍 부동산 명의신탁을 해결해달라는 상담 요청이 늘었다.

한번은 아는 누님이 사무실로 직접 찾아와 고민을 털어놓았다. 누님의 아버지가 여든이 넘으셨는데, 아버지와 아버지 친구 두 분이 기준시가 60억 원 상당의 상가 건물을 3분의 1씩 소유하고 있다고 했다. 그런데 사실 그 상가는 모두 누나의 아버지 것이었다. 상가 구매 당시 자금출처를 밝히기 어려운 돈이 있어, 아버지가 친한 친구 두 명의 명의를 빌려 함께 부동산을 취득한 것처럼 신고한 것이었다.

현재 이 상가는 기준시가로 60억 원, 시가로 100억 원이 넘는 부동산이 되어 있다. 아버지도 그렇고 친구 두 분의 연세도 여든을 넘은 터라 누님의 걱정이 컸다. 이를테면 아버지의 친구분이 갑자기 돌아가셔서 상속이 발생하는 경우 어떻게 할 것인가? 일단 첫째로 상속세 부담이 크고, 둘째로 현 상황에서는 누님이 돌아가신 분의 자녀들로부터 그 부동산을 되찾아오는 일은 불가능에 가깝다. 마지막으로 누님이 고인의 부동산을 재취득한다고 할 경우 취득세를 두 번 내야 하는 일이 생길 수 있다.

　누님은 지금껏 아버지로부터 이 상가 건물은 아버지 본인 것이고 누님에게 모두 상속될 거라는 이야기를 들어왔다. 그런데 현실은 건물 지분의 3분의 1밖에 가져오지 못하면서 상속세까지 낼 경우 자산이 20퍼센트로 쪼그라드는 것을 감수해야 한다.

　명의신탁한 부동산은 금액이 적을 때 자식들이 양도와 증여를 섞어서 되도록 빨리 찾아오는 게 좋다. 재산가액이 너무 커지면 누님의 경우처럼 이러지도 저러지도 못하는 상황에 직면하게 된다.

　만약 현 상황에서 부동산을 증여받는 방법을 택할 경우, 일단 수증자인 누님 및 누님의 형제들에게 증여세가 부과되고, 해당 지분을 가진 아버지의 친구분이 5년 이내 돌아가시면 그 증여한 금액이 상속재산에 가산되어 상속인에게 5억 원 가량의 상속세가 추가로 과세되는 문제가 발생할 수 있다.

　과거 취득 당시 명의신탁을 했음을 솔직하게 밝히는 것도 적절한 방법이 아니다. 이제 와서 부동산 명의신탁을 주장하면 명의신탁자에게 기준시가의 최고 30퍼센트에 해당하는 금액이 과징금으로 부과되고, 명의신탁자 및 수탁자에게 5년 이하의 징역 또는 2억 원 이하의 벌금이 부과될 수 있다.

　또한 부담부 증여를 최대한 이용해서 양도 비중을 늘린다 해도 시세차익에 따른 양도세 부담을 져야 하고, 아버지 친구분이 해당 양도세를 납부할 수 있도록 실제로 양도대금을 줘야 할 것이다. 더불어 관할 지자체가 뒤늦게 명의신탁한 사실을 알게 되어 과징금이 부과될 위험도 있다.

　혹시 부동산 명의신탁을 했다면, 혹은 나도 모르는 사이에 명의신탁이 되어 있었다면, 금액이 더 커지고 명의수탁자의 나이가 더 많아지기 전에 최대한 빨리 부동산을 되찾아야 한다. 어떤 이유에서든 부동산 명의신탁은 언젠가 큰 문제를 일으킬 수 있다는 사실을 잊지 말고 아예 하지 않는 게 좋다는 말을 덧붙인다.

관련 법령

명의신탁 과징금 및 벌칙에 관련 법령

부동산실권리자명의등기에관한법률 제5조 【과징금】

① 다음 각 호의 어느 하나에 해당하는 자에게는 **해당 부동산 가액의 100분의 30에 해당하는 금액의 범위에서 과징금을 부과**한다.

　1. 명의신탁자

　(이하생략)

부동산실권리자명의등기에관한법률 제7조 【벌칙】

① 명의신탁자는 5년 이하의 징역 또는 2억 원 이하의 벌금에 처한다.

② 명의수탁자는 3년 이하의 징역 또는 1억 원 이하의 벌금에 처한다.

주식 명의신탁:
저가 양수로 회수하다가
증여세 폭탄

주식에서도 명의신탁이 종종 문제가 된다. 이 역시 내가 국세청에서 일할 때 직접 조사한 사례이다. 한 중소기업 대표가 법인의 주식 약 50퍼센트를 다른 주주로부터 고작 액면가 1억 원에 사왔다. 처음부터 그 주식이 명의신탁된 것이었다는 뜻이다.

주식을 명의신탁하는 이유는 여러가지가 있는데 이 사례의 경우 과점주주를 피하기 위한 목적도 있지만 법인을 설립할 당시, 회사가 이 정도 규모로 성장할 줄 모르고 이런저런 이유로 친구에게 맡겨놓았던 것으로 판단되었다.

이 회사는 처음 법인을 설립할 때는 총 자본 규모가 2억 원에 불과했지만 점차 성장해 어느새 80억 원에 육박하게 되었다. 그래서 대표는 친구에게 맡겨놓은 주식을 되찾아야겠다고 판단했고, 그럴 경우 양도세가 너무 많이 나오니 이를 액면가, 즉 처음 회사를 설립할 당시 금액으로 가져오려고 시도한 것이다.

80억 원짜리 회사 지분의 50퍼센트, 즉 40억 원 상당의 주식을 1억 원에 사왔으니 무려 39억 원을 싸게 산 셈이다. 이 경우에는 39억 원 전부에 대해 증여세를 과세하는 게 아니라 거기서 세법상 3억 원을 빼준다. 결국 비상장주식을 싸게 구입한 만큼, 그 차액에 해당하는 36억 원은 증여받은 것으로 판단되었고, 대표는 무신고 가산세를 포함해 약 16억 원의 증여세를 내야 했다.

안타깝게도 이 회사 대표에게는 다른 재산이 없어 결국 대표가 소유한 중소기업 주식이 공매 처분되었다. 해당 주식은 제3자에게 매각되었고, 회사의 가치가 바닥으로 떨어진 것은 당연하다. 처음에 명의신탁을 쉽게 생각한 나머지 순간의 잘못된 판단으로 80억 원까지 키웠던 회사를 헐값으로 날리게 되었다.

위 사례에서 저가 양도한 주식 명의수탁자의 증여가액은 36억 원이었는데, 이분이 만약 5년 내에 사망한다면, 상속인 외의 자에게 사전증여한 36억 원이 상속재산에 가산된다. 물론 기 고지된 증여세액이 차감되기는 하지만, 상속인들은 영문도 모르고 36억 원에 대한 상속세를 납부해야 하는 정말 억울한 상황에 부딪힐 수 있다.

관련 법령

상속세및증여세법 제35조

1. 비특수관계인 간 저가 양수 또는 고가 양도에 따른 이익의 증여

구분	수증자	과세 요건	증여재산가액
저가 양수	양수자	(시가 - 대가) ≥ 시가 30%	(시가 - 대가) - 3억 원
고가 양도	양도자	(대가 - 시가) ≥ 시가 30%	(대가 - 시가) - 3억 원

특수관계인이 아닌 자 간의 거래에 대해서도 **거래의 관행상 정당한 사유가 없이** 현저하게 저가·고가 거래를 한 경우에는 증여세가 과세된다.

> **사례** A와 B가 비특수관계인이며 정당한 사유 없이 A가 B에게 시가 30억 원의 건물을 20억 원으로 저가 양도하는 경우 발생하는 증여세 과세 문제

① (시가 - 대가) = 30억 원 - 20억 원 = 10억 원

② 시가의 30% = 30억 원 × 30% = 9억 원

③ (시가 - 대가) ≥ 시가의 30%이므로 증여세 과세 대상에 해당

이 경우, 증여재산가액은 (시가 - 대가) - 3억 원이므로 7억 원이 된다.

2. 상속인이 아닌 자에게 5년 이내 사전증여 시 합산 규정

상속세및증여세법 제13조 【상속세 과세가액】

① 상속세 과세가액은 상속재산의 가액에서 공과금 등 과세가액 공제액을 뺀 후 다음 각 호의 재산가액을 가산한 금액으로 한다.

1. 상속 개시일 전 10년 이내에 피상속인이 상속인에게 증여한 재산가액
2. 상속 개시일 전 5년 이내에 피상속인이 상속인이 아닌 자에게 증여한 재산가액

※ 이렇게 사전증여재산을 상속세 과세가액에 합산하는 경우 **증여 시점에서 이미 납부한 증여세 상당액에 대해서는 상속세 산출세액에서 차감**함으로써 증여세와 상속세의 이중과세를 방지하고 있다.

주식 명의신탁 환원 ①: 증여의제 소액과세

앞서 언급한 사례와 동일하게, 법인을 설립할 당시 주식의 50퍼센트를 명의신탁한 사람이 있었다. 당시 액면가 5천 원의 주식 5천 주를 명의신탁했는데, 총 액면가를 따지면 2천5백만 원이었다.

그리고 이분 역시, 10년이 흘러 명의신탁했던 주식을 되찾고자 했다. 이때쯤 해당 비상장주식의 평가액은 100배 가까이 불어나 2천5백만 원이었던 것이 25억 원이 되어 있었다. 앞의 사례와 달리 이분은 명의신탁 사유와 그 근거를 내밀어 해당 비상장주식이 명의신탁된 것임을 주장하고자 했다. 25억 원을 그대로 살 경우 양도세 또는 증여세가 최소한 5억 원 이상 발생할 것이기에 처음부터 해당 주식이 본인 것이었음을 밝히기로 한 것이다. 10년 전 주식이 원래부터 자기 소유였다고 주장하는 것도, 그 주장이 세무서에 받아들여지는 것도 모두 쉽지 않은 일이었는데, 서류 제출 및 금융 증빙을 통해 결국 납세자의 주장이 받아들여졌다.

이 경우 상속세및증여세법상 명의신탁 증여의제 과세 조항의 적용을 받는데, 우리 사례의 경우 그에 따른 과세는 고작 250만 원이었다. 주식을 명의신탁한 날이 증여일이고, 증여일 당시의 시가, 즉 액면가액이 2천5백만 원이었기 때문에 그에 대한 10퍼센트의 금액 즉 250만 원을 과세한 것이다.

만약 이분의 명의신탁 주장이 받아들여지지 않았다면 25억 원에서 3억 원을 제외한 22억 원에 세율 40퍼센트가 적용되고 각종 가산세가 포함되어 세금만 11억 원 정도가 나왔을 것이다.

관련 법령

명의신탁 증여의제 증여 시기 관련(상속세및증여세법 제45조의 2)

명의신탁 증여의제 규정에서 증여 시기는 다음과 같다.

① 소유권을 취득한 자가 타인 명의로 명의 개서를 한 경우: 그 명의 개서일

② 소유권을 취득하였으나 종전 소유자 명의를 그대로 유지한 경우: 취득일이 속하는 해의 다음해 말일의 다음 날

사례1 A가 B로부터 주식을 취득하였으나 이를 C의 명의로 개서하는 경우에는 그 명의 개서일이 증여 시기가 된다(위의 ①조항).

사례2 A가 B로부터 2024년 7월 1일 주식을 취득하였으나 B의 명의 그대로 둘 경우에는 그 취득일이 속하는 해의 다음 해 말일의 다음 날, 즉 2026년 1월 1일이 증여 시기가 된다.

주식 명의신탁 환원 ②: 조세 회피 목적이 없어 '0'원 과세

명의신탁을 한다고 항상 세금이 나오는 것은 아니다. 대부분 과세가 되지만 그렇지 않은 사례도 있다. 이번에 살펴볼 사례는 상장 주식을 명의신탁하여 취득했으나 이를 되찾는 과정에서 증여세를 한푼도 내지 않은 경우이다.

아버지가 상장 주식을 자녀들의 명의로 샀는데, 그것이 과세관청에 적발되었다. 명의신탁 당시 시가가 매우 높았기 때문에 명의신탁 증여의제 과세가 5억 원 이상으로 추산되는 상황이었다.

다만 명의신탁된 주식에 대해 증여의제 과세가 되려면 **조세 회피 목적**이 있어야 하는데, 이 건은 납세자가 조세 회피 목적이 없었다고 적극적으로 주장한 경우다. 결과적으로 조세 회피 목적이 없는 것으로 판명되어 명의신탁 건이었음에도 증여세가 부과되지 않아 아버지가 주식을 가져올 수 있었다.

조세 회피 목적이 없었다는 건 원칙적으로 명의자가 입증해야 하며, 조세 회피의 유형은 소득세, 상속세, 취득세 등 세금을 낮추는 것, 과점주주 요건을 회피하는 것

등 다양하다. 아무리 조세 회피 목적이 없었다고 주장한다고 해도 과세관청이 쉽게 인정해주지 않는다. 기본적으로 명의신탁은 정상적이지 않은 과정으로, 조세 회피 목적이 있다고 추정되기 때문이다.

관련 법령

명의신탁 증여의제(상속세및증여세법 제45조의 2)

(과세 대상) 권리의 이전이나 행사에 등기·등록·명의개서 등이 필요한 재산 여기서 말하는 명의신탁 증여의제 대상은 **주로 주식이 된다.** 토지나 건물에 대해서는 부동산실권리자명의등기에관한법률에 따라 과징금을 부과하기 때문에 상속세및증여세법상 명의신탁 증여의제가 적용되지 않는다.

(과세 요건) 다음의 모든 요건을 충족하는 경우 과세된다.
  ① 재산의 실제 소유자와 명의자가 다른 경우
  ② **조세 회피 목적이 있을 것**
  ③ 당사자 간의 합의 또는 의사소통이 있을 것
  ※ 이때 명의신탁이 있는 경우에는 조세 회피 목적이 있는 것으로 '추정'된다. 따라서 납세자가 조세 회피 목적이 없다는 점을 입증해야 과세를 피할 수 있다.

(납세 의무자) 명의신탁 증여의제로 증여세가 과세되는 경우 납세자는 **해당 재산의 '실제 소유자'**가 된다.

염지훈 세무사가 알려주는 쉬운 세금 이야기

PART
5

상담 사례

전 코인으로
돈 벌었는데요?

〈국세청 아는형〉 채널에 첫 번째 영상이 올라가고 조회수가 급상승할 때쯤, 유독 코인으로 번 돈을 부동산을 취득하거나 증여하는 데 사용하고 싶다며 상담을 요청하는 분들이 많았다.

부럽기도 하고, 코인을 잘 모르는 나로서는 용어조차 제대로 이해하지 못해 부끄럽기도 했다. 이참에 코인을 해볼까도 잠시 생각했지만 이미 주식으로 손해를 보기도 했고 무엇보다 한 번 관심을 가지면 걷잡을 수 없이 파고드는 내 성격상 코인 투자는 무리였다.

코인 거래를 통해 번 돈은 현재 우리나라에서 과세 대상이 아니다. 물론 코인을 통해 자금출처를 인정받을 수는 있다. 거래 내역만 제시하면 된다. 다만 최초의 코인 투자 시 들어간 시드머니, 즉 종잣돈의 출처를 밝힐 수 없는 경우가 많아 코인 투자자들의 발목을 잡고 있다. 만일 그 대금이 과거 오래 전에 번 돈이거나 증여받았더라도 어느 정도 시간이 흐른 경우라면 제척 기간 경과로 소명할 수 있겠지만 그렇지 않다면 그 돈의 원천을 밝혀야 하고 경우에 따라서는 증여세나 소득세를 추징당할 수 있다.

관련 법령

가상자산 과세 문제

소득세법 제14조 제3항 제8호 다목

가상자산은 소득세법 개정(22.12.)에 따라 **2025년 1월 1일 이후 양도·대여하는 분부터 '기타소득'으로 분리 과세**된다.

2025년 세법 개정안 통과 시 2027년 1월 1일 이후부터 과세

(과세 대상 소득) 경제적 가치를 지니고 이전될 수 있는 전자적 증표(코인 등을 말하며, 게임머니 등은 제외)

(소득금액의 계산) 가상자산의 양도가액에서 실제 취득가액과 그 부대비용을 차감하여 계산하며 가상자산 소득금액은 연간 손익을 통산하여 계산한다. 이때, 2025년 1월 1일 전에 보유하고 있던 가상자산의 취득가액은 2024년 12월 31일 당시의 시가와 그 가상자산의 실제 취득가액 중 큰 금액으로 한다.

(세액의 계산) 가상자산의 양도 등으로 인한 기타소득 분리 과세 세액은 다음과 같다.
(총 수입금액 − 취득가액 및 필요경비 − 기본공제) × **세율 20%**

※ 기본공제(250만 원): 가상자산 기타소득에 대한 과세 최저한으로, 가상자산 소득금액이 **연간 250만 원 이하인 경우에는 비과세**한다.

2025년 세법 개정안 통과 시 가상자산에 대한 과세 시행 후 취득한 가상자산의 취득가액 확인이 곤란한 경우 필요경비를 일정 금액으로 의제하는 규정이 신설된다.

부모님께 받은 1억 원이 6억 원이 됐어요

2024년 6월 어느날 저녁, 친한 지인과 술을 마시고 간이침대에서 잠시 눈이나 붙일 겸 강남의 사무실로 가고 있었다. 늦은 시간 울리는 전화를 무심코 받아들었는데 살짝 어눌한 목소리가 흘러나왔다.

"안녕하세요? 여기는 대구입니다."

11시가 다 된 시간이라 실례일 수도 있는 전화였지만, 마침 술에 취한 덕분에 기분이 좋아 정답게 맞이했다.

"반갑습니다."

"죄송하지만, 뭐 좀 여쭤봐도 될까요?"

수줍은 듯한 목소리가 살짝 떨리고 있었다.

"네, 뭐든지 말씀하세요. 저 지금 한가합니다."

전화를 한 분은 본인을 78년생이라 소개했고, 장애인이라고 털어놓았다.

"제가 부모님에게 1억 원을 받았는데요, 열심히 저금해서 6억 원을 모았어요."

나는 이런 말을 들으면 가만히 있질 못한다. 나 같으면 진작에 다 써서 없어졌을 돈인데, 순간 전화를 건 분이 너무 대견하고 멋있다는 생각이 들었다.

"진짜 대단하세요. 축하드립니다. 어떻게 그렇게 불리실 수 있었어요?"

"제가 장애인이라서 특별히 뭘 할 수는 없었지만 돈이 생길 때마다 거의 쓰지 않고 저축하고, 또 저축하고 그랬어요."

그러다 우연히 〈국세청 아는형〉 유튜브를 보게 되었고, 자신이 증여세 폭탄을 맞는 건 아닌지 걱정이 돼서 전화를 한 것이었다.

"1억 원은 언제 받으신 돈인데요?"

"20년 가까이 지났을 거예요. 괜찮을까요?"

난 한마디로 "축하드립니다"라는 말을 건넸다.

국세공무원 출신 세무사로서 제척 기간이 경과한 세금 무신고자에게 할 말은 아니지만, 나는 진심으로 그 순간 그분을 축하했고, 그분도 진심으로 감사해하면서 전화를 끊었다. 그날, 그분은 그 전화를 끊고도 두 차례나 더 연락을 해왔다.

"진짜 맞나요? 저 세금 안 내도 되는 건가요?"

관련 법령

증여세 부과 제척 기간(국세기본법 제26조의 2 제4항, 제5항)

국세의 부과 제척 기간이란 과세 당국이 국세의 부과권을 행사할 수 있는 법정 기간을 말한다. **국세 부과 제척 기간이 도과하면 세원이 포착되더라도 국가가 과세권을 행사할 수 없다.**

증여세 및 상속세의 국세 부과 제척 기간은 다음과 같다.

상속세 및 증여세	과세 사유 구분	제척 기간
(제4항) 일반 제척 기간	일반적인 경우(과소 신고)	10년
	부정 과소 신고, 무신고의 경우	15년
(제5항) 특례 제척 기간	부정 행위 포탈로 아래 사유에 해당	안 날로부터 1년

특례 제척 기간의 적용은 납세자가 부정 행위로 상속세 및 증여세를 포탈한 재산가액이 50억 원 초과하는 경우로서 다음과 같은 사유 등에 해당할 때 적용한다. 제척 기간이 안 날로부터 1년이라는 의미는 과세관청이 세원을 포착하면 그로부터 1년 이내에는 과세권을 행사할 수 있다는 의미다.

- 제3자의 명의로 된 피상속인 또는 증여자의 재산을 상속인 또는 수증자가 취득한 경우
- 계약에 의하여 피상속인이 취득할 재산이 계약 이행 기간 중에 상속이 개시되어 등기·등록 등이 없이 바로 상속인이 취득하는 경우
- 국외에 있는 상속재산이나 증여재산을 상속인 또는 수증자가 취득한 경우
- 명의신탁 재산의 증여의제에 해당하는 경우

※ 사기 기타 부정한 행위란 조세의 부과와 징수를 불가능하거나 현저히 곤란하게 하는 적극적인 행위를 말하는 것으로서 단순히 세법상의 신고를 하지 아니하거나 허위의 신고를 함에 그치는 것은 해당하지 않는다(대법원 97도2429, 1998. 05. 08.).

할머니가 저에게 20억 원을 주신다는데, 세금이 얼마나?

"그렇게 많이 나와요?"

"네, 6억 4천만 원이요."

"20억 원을 증여받는데 세금이 6억 4천만 원이면…… 헉!"

외국에서 오래 살다오신 한 여자분이 남편과 함께 상담실을 방문했다. 할머니가 부동산 양도대금 20억 원을 현금으로 증여해주기로 했는데, 세금을 줄일 방법을 묻고자 찾아온 것이었다. 이 여자분의 경우 외국에서 살다가 최근 한 달 전에 귀국한 터라 비거주자에 해당되어 증여공제 5천만 원도 받을 수 없는 상황이었다.

현금 출금 등 여러 가지 고민을 한 듯했으나, 결국 증여받은 돈으로 부동산을 취득할 예정이라 증여세 신고는 불가피해 보였다.

나는 문득 궁금해 "그런데 왜 할머니가 손녀에게 이렇게 큰돈을 주시죠?"라고 물었다. 알고보니 할머니는 이미 다른 상속인들에게도 큰돈을 증여했고, 본인의 아버지도 상당한 금액을 현금으로 증여받은 터였다.

"앗! 부모님이 살아계세요? 죄송합니다. 이런 경우에는 세대생략 할증과세가 적용됩니다."

순간의 실수로 세액을 잘못 계산할 뻔했다. 세대생략 할증과세를 적용할 경우 이분이 내야 할 세금은 증여세 6억 4천만 원에 세대생략 할증과세 1억 9천2백만 원이 추가되어 납부할 세금은 총 8억 3천2백만 원이 된다. 세금이 어마어마하게 늘어나는 것이다.

"혹시 남편분도 같이 받는 건 어때요?"

"그럼 세액이 얼마나 줄어드는 거예요?"

"표로 만들어서 설명해드릴게요."

구분	손녀 혼자 20억 원을 상속받는 경우	남편과 함께 20억 원을 상속받는 경우		
		손녀사위	손녀	합계
증여재산가액	20억 원	10억 원	10억 원	20억 원
증여공제	-	-	-	-
과세표준	20억 원	10억 원	10억 원	20억 원
세율	40%	30%	30%	-
누진공제	1.6억 원	0.6억 원	0.6억 원	-
산출세액	6.4억 원	2.4억 원	2.4억 원	4.8억 원
할증과세	1.92억 원	-	0.72억 원	0.72억 원
납부세액	8.32억 원	2.4억 원	3.12억 원	5.52억 원

* 신고세액공제 생략

손녀는 세대생략 할증과세가 적용되지만, 손녀사위는 직계비속이 아니기 때문에 할증과세를 피할 수 있는 점을 이용했다. 그 결과 납부해야 할 세액이 2억 8천만 원 정도 줄어든다.

"차이가 꽤 크네요."

여자분은 세금을 줄일 방법이 있다는 것을 알게 되어 반가워하면서도 그래도 여전히 세금이 많아 아쉽다는 속내를 지우진 못했다. 그러나 국내에서 부동산을 취득하려고 하는 한, 증여를 통해 자금출처를 인정받는 방법 밖에는 없기 때문에 어차피 내야할 세금이라 생각하고 내는 게 좋다. 여기서 한 가지 덧붙이자면, 위 사례처럼 수증자가 비거주자일 경우 손녀 및 손녀사위의 증여세를 할머니가 대신 납부한다면 추가 증여세 문제는 발생하지 않을 것이다

관련 법령

세대생략 할증과세 규정(상속세및증여세법 제57조)

증여자의 자녀가 아닌 직계비속(손자, 손녀 등)이 수증자인 경우 산출세액에 30%를 가산한다. 단, 수증자가 미성년자로서 증여재산가액이 20억 원을 초과하는 경우에는 40%를 가산한다.

다만, 증여하는 사람의 최근친인 직계비속이 사망하여 그 사망자의 최근친 직계비속이 증여받는 경우에는 세대생략 할증을 적용하지 않는다(예를 들어 조부가 손자에게 증여하는 경우로서, 손자의 아버지가 사망한 경우).

증여세 납부 의무(상속세및증여세법 제4조의 2)

⑥ 증여자는 다음 각 호의 어느 하나에 해당하는 경우에는 수증자가 납부할 증여세를 연대하여 납부할 의무가 있다.

   3. 수증자가 비거주자인 경우

묻지마채권?
자금출처 묻지마

과거 IMF 때가 오히려 부자에게는 기회였다는 것은 널리 알려진 사실이다. 그러고 보면 부자들에게는 항상 위기가 기회인 듯하다.

IMF 때는 이자율이 높았다. 그래서 낮은 이자로 채권을 발행하게 된 것이 묻지마채권의 시작이었다. 묻지마채권이라는 이름으로 불리게 된 것은 이 채권이 무기명으로 발행되었기 때문인데, 이는 이 채권을 보유한 사람에게 채권이 어디서 났는지를 물어도 답을 들을 수 없다는 뜻이다. 금융실명법 제3조에 따라 이 채권 소지자에 대해서는 자금출처 등을 조사하지 않는 것이 원칙이었기 때문이다.* 묻지마채권은 그 익명성 덕분에 거액의 자금 증여 수단으로 쓰일 수 있었.**

---

* 세정일보, 서주영 편집인, "'3조 8744억 원' 98년의 무기명채권액… '세금의 씨앗'될 수 있다" 2020년 5월 4일 기사.

** 같은 기사.

내가 세무서에 다닐 때, 아주 오래 전의 일이다. 해외로 송금을 하려면 세무서에서 자금출처확인서라는 것을 받아야 했다. 그런데 어떤 분이 자금출처로 묻지마채권을 가지고 왔다.

내가 채권이 어디서 났는지 조사를 시작하려고 하는데, 옆에 있던 선배가 한마디를 툭 던지듯 뱉고 사라졌다.

"염 조사관, 이거 묻지마채권이잖아. 묻지 마."

당시 기획재정부와 과세당국은 관계 법령까지 개정하면서 무기명채권을 발행해 이때 발행된 채권 금액만 3조 8,744억 원에 이른다고 알려져 있다. 증여세 탈세의 수단으로 충분히 쓰이고도 남았을 묻지마채권, 지금 생각해보면 참 신기한 제도이다.

관련 법령

묻지마채권

금융실명거래및비밀보장에관한법률 제3조

① 금융회사 등은 거래자의 실지 명의로 금융 거래를 하여야 한다.

② 금융회사 등은 제1항에도 불구하고 **다음 각 호의 어느 하나에 해당하는 경우에는 실명을 확인하지 아니할 수 있다.**

　3. 다음 각목의 **어느 하나에 해당하는 채권**으로서 1997년 12월 31일 이후 1998년 12월 31일 사이에 재정경제부장관이 정하는 발행 조건으로 발행된 채권의 거래

　　가. 고용 안정과 근로자의 직업 능력 향상 및 생활 안정 등을 위하여 발행되는 채권

관련 법령

자금출처확인서

상속세및증여세 사무처리규정 제47조, 제48조 및 제49조에 따라 **해외 반출되는 국내 재산의 자금출처와 관련된 국세의 신고·납부 여부 및 체납된 국세의 납부 여부 등을 확인**하여 국세 징수, 예금 압류 등 필요한 조치를 취한 후 세금 부담 없는 부당한 재산의 유출을 방지하고자 자금출처확인서를 작성하도록 한다.

(확인서의 종류) 해외 이주비 등 자금출처확인서, 부동산매각자금확인서, 예금 등 자금출처확인서(3종)

복권에 당첨되면 세금은 얼마가 나올까?

2024년 4월, 화성에서 강남으로 이동하던 중이었다. 자신이 병원에 입원 중인 환자라고 밝힌 분에게서 상담 전화가 왔다.

"세무사님 제가 사채 빚만 10억 원이 있어요."

그런데 빚이 10억 원 있는 사람치고는 목소리가 너무 밝았다.

"그런데요, 제가 죽으려고 마음을 먹었다가 복권을 샀는데 로또 1등에 당첨됐지 뭐예요!"

당시 나는 운전을 하고 있었는데, 핸들이 잠깐 흔들릴 정도로 놀라 나도 모르게 큰 목소리로 답했다.

"와, 정말 축하드립니다."

그분 말에 따르면 당첨금은 약 20억 원이고, 세금을 떼고 빚을 갚고 나면 자신에게 약 3억 7천만 원 정도가 남을 거란다.

"이 돈 어떻게 뽑아야 할까요?"

여기서부터 조금 횡설수설 하더니 내가 망설이는 사이 스스로 답을 했다.

"현금으로 3억 원을 뽑아서 금고랑 같이 딸에게 줄래요. 염 세무사님 말처럼 금융정보분석원에 걸리면 주변 사람들에게 신나서 나눠줬다고 말할 거예요! 누구한테 줬는지 기억도 안 난다고 말할 거예요!"

혼자서 얘기하고, 혼자서 웃고, 나는 그저 그분의 말을 즐거운 마음으로 들을 뿐이었다. 이야기를 듣다 보니 이분이 진짜 로또에 당첨된 것인지도 명확하지 않은 느낌이었다. 그저 그 기쁜 마음이 내게도 전달되는 듯해 전화를 끊지 않았다.

그렇게 20분 가까이 통화가 이어지다가 그분은 나중에 사무실에 직접 찾아와 상담을 받겠다는 말을 끝으로 전화를 끊었다. 물론 실제로 오시지는 않았다.

관련 법령

복권 당첨과 세금

복권 당첨 소득은 기타소득으로서 분리 과세되며 금융기관으로부터 원천징수 세액을 차감하고 나머지 금액을 수령하게 된다.

복권 당첨으로 인한 기타소득금액은 다음과 같은 원천징수 세율에 따라 과세한다. 단, 당첨금액이 200만 원 이하인 경우에는 과세 최저한 규정에 따라 과세하지 않는다.

기타소득금액	세율
200만 원 초과~3억 원 이하	20%(개인지방소득세 2% 별도로 총 22%)
3억 원 초과~	30%(개인지방소득세 3% 별도로 총 33%)

※ 복권 당첨 기타소득금액 = 당첨금 – 해당 당첨된 복권을 구입하는 데 들어간 비용

인생 대박난 지인에게 큰돈을 받았다 세금은 어떻게?

평생에 걸쳐 도움을 주다가 그 대가를 한번에 받게 된 분이 상담을 요청해왔다. 자신이 그간 10억 원 이상 금전적으로 도움을 주었던 지인이 드디어 일이 잘 풀려 그에게서 40억 원 상당을 받을 수 있게 되었다는 것이다.

"세금이고 뭐고, 무조건 한번에 받아버리려고요."

본인도 참으로 오랫동안 기다렸던 터라, 한번에 그 대가를 받을 생각을 하니 몹시 신이 난 듯했다.

"그런데 그 돈을 증여로 받으면 세금이 얼마인지 아세요? 자그마치 15억 원이에요."

말릴 요량으로 꺼낸 말인데, 이 분은 15억 원을 내더라도 자기는 무조건 40억 원을 한꺼번에 받겠다며 요지부동이다. 그래서 내가 다시 물었다.

"그 돈 받으면 뭐 하실 거예요?"

"이참에 온 가족에게 나눠주고 싶어요."

나는 그렇다면 더더욱 본인이 한번에 받는 것보다 본인과 배우자, 아들, 딸과 며느리, 사위, 손주들 등 총 열 명의 가족이 나눠서 증여받는 것이 좋겠다는 조언을 건넸다. 증여세율은 증여자 및 수증자별로 세율이 적용된다는 것도 설명했다.

"그러면 세금이 도대체 얼마나 줄어들어요?"

세금은 당초 15억 원의 반도 안 되는 7억 원으로 줄어든다. 그분은 내 말을 듣자마자 "대박!"이라는 말부터 내뱉었다.

관련 법령

증여세 납세 의무자와 증여세 과세가액

상속세및증여세법 제4조의 2 【증여세 납세 의무자】

① 수증자는 증여재산에 대하여 증여세를 납부할 의무가 있다.
  따라서 수증자별로 증여세를 계산한다.

상속세및증여세법 제47조 【증여세 과세가액】

① 증여세 과세가액은 증여재산에서 그 증여재산에 담보된 채무를 수증자가 인수한 금액을 뺀 금액으로 한다.

② 해당 증여일 전 10년 이내에 동일인(증여자가 직계존속일 경우에는 그 직계존속의 배우자를 포함한다)으로부터 받은 증여재산가액을 합친 금액이 1천만 원 이상일 경우에는 그 가액을 증여세 과세가액에 가산한다.

가 장 완 벽 한 세 금 절 세 의 기 술

2부

상속세

상속세 세액 계산 흐름도

※ 피상속인이 거주자인 경우를 가정하여 작성되었다.

총 상속재산가액	· 본래의 상속재산(예금, 부동산, 주식 등) · 간주 상속재산(사망보험금, 신탁재산, 퇴직금 등) · 추정 상속재산
(−) 비과세 및 과세가액 불산입	**비과세**: 금양임야, 문화재 등 상속 **과세가액 불산입**: 공익법인 등에 출연한 재산 등
(−) 공과금, 장례비, 채무	· 상속 개시일 이후 납부해야 할 피상속인의 공과금 · 장례비용 및 피상속인의 채무 등
(+) 사전증여재산	· 상속인 10년, 상속인 외의 자 5년 내의 합산 대상 사전증여 재산을 합산
(=) 상속세 과세가액	
(−) 상속공제	· '기초공제 + 그 밖의 인적공제'와 일괄공제(5억 원) 중 큰 금액 · 배우자공제, 금융재산 상속공제, 동거주택 상속공제 등 ※ 단, 공제 적용 종합 한도 내에서 적용 가능
(−) 감정평가 수수료 공제	· 부동산 감정평가업자의 수수료는 5백만 원 한도로 공제
(=) 상속세 과세표준	
(×) 세율	(see tables below)
(=) 산출세액	· 상속세 과세표준 × 세율 − 누진공제
(+) 세대생략 할증세액	· 상속인이나 수유자가 피상속인의 자녀가 아닌 직계비속이면 30% 할증한다. (단, 미성년자가 20억 원을 초과하여 상속 시 40% 할증) · 직계비속의 사망으로 최근친 직계비속에 상속하는 경우는 할증 제외
(−) 세액공제	· 증여세액공제, 신고세액공제, 외국납부세액공제 등
(−) 분납, 연부연납, 물납	
(=) 자진 납부할 세액	

과세표준	1억 원 이하	5억 원 이하	10억 원 이하	30억 원 이하	30억 원 초과
세율	10%	20%	30%	40%	50%
누진공제	−	1천만 원	6천만 원	1억 6천만 원	4억 6천만 원

※ 2025년 1월 1일 이후 상속분부터 개정안

과세표준	2억 원 이하	5억 원 이하	10억 원 이하	10억 원 초과
세율	10%	20%	30%	40%
누진공제	−	2천만 원	7천만 원	1.7억 원

상속세 기본 용어 및 개념

☑ **상속(상속세및증여세법 제2조 제1호)**

'상속'이란 민법 제5편에 따른 상속을 말하며, 다음 각 목의 것을 포함한다.

가. 유증: 유언에 따른 증여
나. 사인 증여: 사망을 원인으로 하는 증여
다. 특별 연고자에 대한 재산의 분여
라. 유언 대용 신탁
마. 수익자 연속 신탁

☑ **상속 개시일(상속세및증여세법 제2조 제2호)**

'상속 개시일'이란 피상속인이 사망한 날을 말한다. 다만, 피상속인의 실종 선고로 인하여 상속이 개시되는 경우에는 실종 선고일을 말한다.

☑ **상속인 및 피상속인(상속세및증여세법 제2조 제4호)**

① '상속인'은 민법에 따른 상속인을 말하며 상속을 포기한 사람과 특별 연고자를 포함한다.
② '피상속인'은 돌아가신 분으로 상속인에게 자기의 권리, 의무 등을 물려주는 자를 말한다.

☑ **수유자(상속세및증여세법 제2조 제5호)**

'수유자受遺者'란 다음 각 목에 해당하는 자를 말한다.

가. 유증을 받은 자
나. 사인 증여에 의하여 재산을 취득한 자
다. 유언 대용 신탁 및 수익자 연속 신탁에 의하여 신탁의 수익권을 취득한 자

상속세 개편안 및 개정안 전후 세액 차이

2024년 7월 26일 입법 예고된 상속세및증여세법 입법 예고안 중 상속세와 관련된 주요 내용을 소개하면 다음과 같다.

1. 그 밖의 인적공제 중 자녀 공제의 확대(상속세및증여세법 제20조 제1항 제1호)

① 거주자의 사망으로 상속이 개시되는 경우로서 다음 각 호의 어느 하나에 해당하는 경우에는 해당 금액을 상속세 과세가액에서 공제한다.

개정 전 1. 자녀(태아를 포함한다) 1명에 대해서는 5천만 원

개정 후 1. 자녀(태아를 포함한다) 1명에 대해서는 5억 원

2. 상속세 세율 인하(상속세및증여세법 제26조)

상속세는 상속세의 과세표준에 다음의 세율을 적용하여 계산한 금액으로 한다.

개정 전

과세표준	세율
1억 원 이하	10%
1억 원 초과~5억 원 이하	20%
5억 원 초과~10억 원 이하	30%
10억 원 초과~30억 원 이하	40%
30억 원 초과	50%

개정 후

과세표준	세율
2억 원 이하	10%
2억 원 초과~5억 원 이하	20%
5억 원 초과~10억 원 이하	30%
10억 원 초과	40%

개정안 반영 전과 후로 상속세 산출세액이 어떻게 달라지는지 다음 네 가지 경우로 구분하여 계산해보았다.

- CASE 1 상속재산 100억 원, 자녀가 한 명 있는 경우
- CASE 2 상속재산 100억 원, 자녀가 세 명 있는 경우
- CASE 3 상속재산 22억 원, 자녀가 한 명 있는 경우
- CASE 4 상속재산 22억 원, 자녀가 세 명 있는 경우

- CASE 1 먼저, 상속재산이 100억 원이고 자녀가 한 명 있는 경우로, 배우자가 실제로 상속받은 재산(배우자 상속공제액)을 30억 원이라 가정하고 상속세를 비교해보자.

구분	개정 반영 전	개정 반영 후
상속세 과세가액	10,000,000,000	10,000,000,000
상속공제	3,500,000,000	3,700,000,000
일괄공제 등	500,000,000	700,000,000
배우자공제	3,000,000,000	3,000,000,000
상속세 과세표준	6,500,000,000	6,300,000,000
세율	50%	40%
산출세액	2,790,000,000	2,350,000,000

공제금액이 2억 원 증가하고 상속세 최고세율은 10퍼센트 인하되어 상속세가 4억 4천만 원 가량 절감되는 것을 확인할 수 있다.

- CASE 2 CASE 1과 다른 조건은 모두 같고 자녀가 셋인 경우 상속세 차이는

다음과 같다.

구분	개정 반영 전	개정 반영 후
상속세 과세가액	10,000,000,000	10,000,000,000
상속공제	3,500,000,000	4,700,000,000
일괄공제 등	500,000,000	1,700,000,000
배우자공제	3,000,000,000	3,000,000,000
상속세 과세표준	6,500,000,000	5,300,000,000
세율	50%	40%
산출세액	2,790,000,000	1,950,000,000

자녀 수가 많을수록 상속세 절감 효과가 개정 이전보다 훨씬 커졌다고 볼 수 있다.

※ 상속재산 100억 원인 경우 자녀 수에 따른 개정 전과 후의 상속세액 비교

구분: 상속재산 100억 원	개정 전 산출세액	개정 후 산출세액	절감액
자녀가 1명인 경우	27.9억 원	23.5억 원	4.4억 원
자녀가 3명인 경우	27.9억 원	19.5억 원	8.4억 원

- CASE 3 다음은 상속재산이 22억 원이고 자녀가 한 명 있는 경우로, 배우자공제 5억 원을 받는다고 가정하고 상속세를 비교해보자.

구분	개정 반영 전	개정 반영 후
상속세 과세가액	2,200,000,000	2,200,000,000
상속공제	1,000,000,000	1,200,000,000
일괄공제 등	500,000,000	700,000,000
배우자공제	500,000,000	500,000,000
상속세 과세표준	1,200,000,000	1,000,000,000
세율	40%	30%
산출세액	320,000,000	230,000,000

개정 반영 후를 기준으로 일괄공제로 5억 원을 받는 것보다 기초공제(2억 원)와 그 밖의 인적공제(5억 원)를 합한 금액(7억 원)을 공제받는 것이 더 유리하므로 산출세액은 2.3억 원이 나온다.

- **CASE 4** CASE 3과 다른 조건은 모두 같고 자녀가 셋인 경우 상속세 차이는 다음과 같다.

구분	개정 반영 전	개정 반영 후
상속세 과세가액	2,200,000,000	2,200,000,000
상속공제	1,000,000,000	2,200,000,000
일괄공제 등	500,000,000	1,700,000,000
배우자공제	500,000,000	500,000,000
상속세 과세표준	1,200,000,000	0
세율	40%	-
산출세액	320,000,000	0

개정 반영 후를 기준으로 일괄공제로 5억 원을 받는 것보다 기초공제(2억 원)와 그 밖의 인적공제(3명 × 5억 원 = 15억 원)를 합한 금액(17억 원)을 공제받는 것이 더 유리하므로, 여기에 배우자공제까지 포함하면 전체 상속공제액이 22억 원이 되어 상속세 과세표준이 0이 되므로 산출세액은 없다.

※ 상속재산 22억 원인 경우 자녀 수에 따른 개정 전과 후의 상속세액 비교

구분: 상속재산 22억 원	개정 전 산출세액	개정 후 산출세액	절감액
자녀가 1명인 경우	3.2억 원	2.3억 원	0.9억 원
자녀가 3명인 경우	3.2억 원	-	3.2억 원

이상의 계산을 통해 알 수 있듯이 상속세및증여세법 개정으로 인해 가장 큰 혜택을 보는 대상은 자녀가 많거나 과세표준이 10억 원이 넘는 고액의 자산가들이다. 자녀 수가 많지 않은 고액 자산가들의 경우에는 사전증여를 적극적으로 활용할 필요가 있다는 뜻이기도 하다.

염지훈 세무사가 알려주는 쉬운 세금 이야기

PART

절차를 중심으로 상속세 둘러보기

어느 날 부모님이 돌아가신다면

어느날 갑자기 부모님이 돌아가신다면 어떨지, 상상하는 것만으로도 숙연해지고 마음이 아파온다. 하지만 하늘이 무너질 것 같은 그 순간에도 삶의 수레바퀴는 굴러가고 절차에 따라 꼭 해야 할 일이 있기 마련이다.

이를테면 내 마음조차 추스르기 힘든 장례식장에서도 장례식장 계약 및 정산과 관련해 할 일이 정말 많다. 세무적으로는 장례비, 봉안시설 비용 등 영수증을 꼭 챙겨야 한다. 장례비는 최소 5백만 원에서 최대 1천만 원까지, 봉안시설 관리 비용은 추가로 최대 5백만 원까지 세금 혜택을 받을 수 있다. 만일 장례비로 1천5백만 원을 썼다면 유효세율 30퍼센트를 기준으로 실제 450만 원 상당의 세금을 아낄 수 있다. 장례비 영수증을 챙기는 일부터가 상속세를 줄일 수 있는 첫걸음인 셈이다.

언젠가 부모님 통장에 있던 현금을 파악하지 못해 가산세만 5천만 원을 낸 분을 만난 적이 있다. 그런가 하면 세무사도 아닌 다른 전문 자격사로부터 세금이 나오지 않는 상속세 신고 건에 대해 상속세가 3천만 원이 넘을 거라는 말을 듣고 상당한 수수료를 지불하고 상속세 신고를 맡길 뻔한 분도 있었다. 모두 상속에 관한 기본적인 사항들을 사전에 알았더라면 겪지 않아도 될 일이었다.

장례, 사망 신고, 예적금과 부동산 확인, 상속세 신고 등 상속 과정에서 밟아야 할 절차와 주의해야 할 사항들, 그리고 절세 방법까지, 아무도 말해주지 않았던 사망과 상속에 관해 친절히 안내하는 마음으로 상속세 편을 시작한다.

관련 법령

장례비용의 공제(상속세및증여세법 제14조)

장례비용은 시신의 발굴 및 안치에 직접 소요되는 비용과 묘지 구입비, 비석, 상석 등 장례에 직접 소요된 제반비용을 말한다.

장례비용 적용의 한도

A. 상속 개시일부터 장례일까지 직접 소요된 장례비용: 1천만 원을 한도로 하되, 해당 비용이 5백만 원 미만일 경우에는 5백만 원을 사용한 것으로 본다.

B. 봉안시설(자연장지 포함)에 사용된 비용: 5백만 원을 한도로 한다.

> **사례** 상속 개시일부터 장례일까지 장례식장 이용료 3백만 원, 장례식장 식당 비용 5백만 원, 장례 의전 서비스 비용 4백만 원을 지불하고, 수목장 비용으로 1천만 원을 지불한 경우.
>
> A. 상속 개시일부터 장례일까지 직접 소요된 장례비용 = 3백만 원 + 5백만 원 + 4백만 원 = 1천2백만 원 → 한도 1천만 원이므로 1천만 원을 적용한다.
>
> B. 봉안시설에 사용된 비용: 1천만 원 → 한도 5백만 원이므로 5백만 원을 적용한다.
>
> 따라서 위 사례에서 상속재산가액에서 차감하는 장례비용은 1천5백만 원이다.

상속 포기 및 한정승인

〈나의 아저씨〉라는 드라마에서 아이유가 연기한 이지안을 보면서 내내 마음이 아팠다. 드라마에서 이선균을 조금만 더 빨리 만났거나 좋은 세무사를 만났더라면 삶이 조금은 편했을 텐데 말이다.

피상속인에게 재산보다 채무가 많을 경우, 상속이 있음을 안 날부터 3개월 이내에 상속 포기 또는 한정승인을 해야 한다. 이때 다음 차순위 상속인에게 채무를 전가시키지 않기 위해서는 해당 대에서 한 명이 한정승인을 함으로써 다음 상속인에게 채무가 넘어가는 일이 없도록 유의해야 한다.

관련 법령

상속 포기(민법 제1041조)

상속 포기는 상속인이 상속의 효력을 소멸하게 할 목적으로 하는 의사 표시를 말하며, 상속의 포기를 하려면 가정법원에 상속이 있음을 안 날부터 3개월 이내에 포기의 신고를 해야 한다.

- 상속의 포기는 상속재산 전부를 포기하는 것만 가능하다. 즉, 일부 또는 조건부의 포기는 허용되지 않는다.
- 상속인이 여러 명인 경우 어느 하나의 상속인이 상속을 포기하면 그 상속분은 상속 비율대로 나뉘어 다른 상속인에게 귀속된다.
- 받을 재산보다 채무가 많다면 상속을 포기하는 것이 좋다. 단, 이 경우 어느 하나의 상속인이 상속을 포기하면 그 지분을 다른 상속인이 상속받게 되므로 상속인 전부의 상속 포기 또는 상속인 중 1인이 한정승인 하는 것을 고려해야 한다.

한정승인(민법 제1028조)

상속인은 상속으로 인하여 취득할 재산의 한도에서 피상속인의 채무와 유증을 변제할 것을 조건으로 상속을 승인할 수 있다. 한정승인은 상속 개시가 있음을 안 날부터 3개월 이내에 가정법원에 한정승인의 신고를 해야 한다.

- 한정승인으로 인해 상속인은 상속으로 물려받은 재산의 한도에서 피상속인의 채무와 유증을 변제할 수 있다.
- 어느 하나의 상속인이 한정승인을 하게 되면 다른 차순위 상속인에게 그 빚이 상속되지 않는다는 장점이 있다.
- 상속재산보다 채무가 많은 경우나 채무가 어느 정도인지 확인하기 어려워 숨겨진 빚이 많을 것으로 예상되는 경우 신청하는 것이 유리하다.

상속인 중 신용불량자가 있는 경우

한창 상속세 신고를 준비하던 와중에 어느날 상속재산 등기부등본을 발급해보니 상속재산에 대위등기가 되어 있었다. 알고 보니 상속인 네 명 중 아들 한 명이 6년 전 신용카드를 무분별하게 쓰고 이를 갚지 않아 채무가 눈덩이처럼 불어난 상태였고, 채무자에게 상속이 발생한 것을 알게 된 추심업체가 상속인 지분만큼 대위등기를 실시해 압류를 준비하고 있었던 것이었다.

이미 벌어진 일이라 어쩔 수 없지만, 이 경우 아들이 기한 내에 상속 포기를 했다면 대위등기 및 압류까지 가는 것을 피할 수 있었을 것이다. 이후 다른 상속인들이 해당 채무를 모두 갚아주고 압류도 해제되었다는 소식을 들었다. 이번 일을 교훈 삼아 그분이 멋지게 재기하셨기를 진심으로 바란다.

관련 법령

대위등기의 개념(민법 제404조 채권자대위권)

채권자는 자신의 채권을 보전하기 위하여 채무자의 권리를 행사할 수 있다. 이는 상속 시 **채권자가 자신의 채권을 회수하기 위해 채무자의 상속 등기 권한을 대신 행사**할 수 있다는 것이다.

즉, 채권자는 상속인을 대신하여 상속 등기를 할 수 있으나, **이와 관련없이 상속인은 상속 포기를 할 수 있다.**

사망 신고부터
원스톱서비스 신청까지

장례식을 마치고 사망 신고까지 했다. 이제 남은 숙제는 상속세 신고다. 상속세 신고를 하려면 무엇부터 준비해야 할까?

일단 피상속인의 재산 규모를 파악해야 한다. 고인이 생전에 자신의 재산 상황을 상속인들에게 투명하게 공개하고 공유했다면 큰 문제가 없겠지만 대부분은 그러한 준비 없이 세상을 떠나고, 남은 상속인들은 고인의 흔적을 뒤쫓으며 우왕좌왕하기 마련이다.

이때 도움을 받을 수 있는 것이 안심상속 원스톱서비스로, 이를 통해 은행별 예금잔액과 채무금액뿐 아니라 부동산, 보험, 주식 및 자동차 취득 내용까지 확인할 수 있다. 그 결과는 금융감독원 홈페이지에서 확인할 수 있으며, 문자나 메신저로도 확인할 수 있다.

원스톱서비스를 신청하면 금융회사는 그때부터 곧바로 입출금 등 계좌거래를 정지시킨다. 반대로 그 전까지는 고인의 체크카드나 공인인증서를 이용해 계좌에 접

근할 수 있다는 말인데, 언젠가 사망 후 피상속인의 통장을 관리하던 큰며느리가 피상속인의 계좌에 있는 돈을 일방적으로 출금했다며 다른 상속인들이 잔뜩 화가 난 채로 내게 상담을 요청해온 적이 있었다.

 피상속인의 재산 조회 신청(안심상속 원스톱서비스)

상속인이 피상속인의 금융 내역(예금, 보험, 증권 등), 토지, 자동차, 세금, 연금 가입 유무 등 재산의 조회를 한 번에 통합 신청하여 확인할 수 있는 서비스이다.

[신청 방법] 가까운 시·구, 읍·면·동의 주민센터를 방문하여 신청할 수 있다. 일반적으로 사망 신고를 하면서 함께 신청한다.
또는 정부24 홈페이지에서 온라인으로 안심상속 통합 처리 신청을 할 수 있다.
(정부24홈페이지→민원서비스→원스톱서비스→안심상속→신청하기)

[신청 기한] 안심상속 서비스의 신청 기한은 사망일이 속한 달의 말일부터 1년 이내이다.

[조회 결과의 확인] 안심상속 서비스를 신청하게 되면, 그 조회 결과를 문자, 이메일 등으로 수령할 수 있다. 온라인으로 결과를 확인하려면 금융감독원 홈페이지(www.fss.or.kr)를 방문하면 된다(민원·신고→상속인 금융거래 조회→신청인 성명 및 신청 접수 번호 입력).

[처리 기한] 안심상속 서비스 신청 시 결과는 최대 20일 이내 확인할 수 있다.

은행에서 처리해야 할 일들

상속세 신고를 위한 다음 절차는 은행을 방문하는 것이다. 은행에서 예금 및 부채의 잔액 증명 그리고 10년간의 예금거래명세를 발급받는데. 이때 증명서 발급 일자는 무조건 상속 개시일로 해서 발급받아야 한다. 또한 10년간의 거래명세는 가급적 출력된 형태가 아닌 엑셀파일로 받아야 일을 줄일 수 있다. 은행마다 요청하는 서류가 조금씩 다를 수 있으므로 방문 전 반드시 필요 서류를 확인하는 것이 좋다.

 상속 개시 후 은행 방문 시 주의사항

예금잔액증명서 및 채무잔액증명서 기준 일자: 상속 개시일(방문 일자로 발급 X)
예금거래명세: 상속 개시일 이전 10년치(엑셀파일을 이메일 등으로 받기)
준비 서류: 피상속인 기본증명서, 가족관계증명서, 방문하는 상속인 신분증

(은행별로 필요 서류 재확인)

방문 지점: 해당 은행 어느 지점이든 발급 가능(단, 지역 농협 및 새마을금고 등은 구분해서 요청해야 할 수 있어 사전에 확인 필요)

이렇게 은행에서 고인의 계좌를 확인한 뒤, 예금이 있을 경우 그 예금을 찾아도 되는지 궁금해하는 분들이 있다. 일단 고인의 예금을 상속인의 명의로 가져오려면 다음의 서류가 필요하다. 필요한 서류가 생각보다 많으니 은행 방문 전 필요 서류가 무엇인지 재차 문의하고 꼼꼼하게 확인하는 것이 좋다.

- **피상속인 가족관계증명원**
- **기본증명서**(사망일자 확인 가능 서류)
- **상속인 전원 신분증**
- **상속 예금 신청서**
- **인감증명서**
- **위임장**(상속인 중 특정인이 출금을 신청하는 경우)

이렇게 출금한 예금은 상속세 과세표준 신고 기한 이전까지는 증여세에 대한 추가 부담 없이 상속인 간 계좌이체를 해도 된다.

관련 법령

상속재산 분할과 증여세

1. 상속세 신고 기한까지의 재산 분할은 증여세를 부과하지 않음(상속세및증여세법 제4조 제3항)

상속 개시 후 상속재산에 대하여 각 상속인의 상속분이 확정된 후, 그 상속재산에 대하여 공동 상속인이 협의하여 분할한 결과 특정 상속인이 당초 상속분을 초과하여 취득하게 되는 자산은 다른 상속인으로부터 증여받은 것으로 보아 증여세를 부과한다. 다만, **상속세 신고 기한까지 분할에 의하여 당초 상속분을 초과하여 취득한 경우에는 증여세를 부과하지 아니한다.**

따라서 상속세 과세표준 신고 기한 전에 상속인 간의 재산 재분할로 예금 등의 자산 이동이 있더라도 추가로 증여세 과세 대상이 되지 않는다. 그러나 상속세 신고 기한 이후 상속 등기를 통해 각 상속인의 상속 지분이 확정된 후 재산을 재분할하는 경우로서 특정 상속인이 당초 상속분을 초과하여 추가로 취득한 부분에 대해서는 증여세가 과세된다.

2. 신고 기한 내에 재산분할협의서 작성(세무사 도움, 첨부 서류)

상속세 신고를 하기 위해서는 신고 기한 내에 재산분할협의서를 작성해야 한다. 세무사의 도움을 받거나 직접 작성할 수도 있다. 책 말미에 재산분할협의서 양식을 실었다.(부록3)

※ 부동산 등기와 관련된 재산분할협의서는 법무사와 상의해서 작성할 것

상속세의 신고와 납부 기한

지금까지 설명한 대로 잘 따라왔다면 이제 남은 것은 상속세의 신고와 납부다. 이때 가장 주의해야 할 점은 기한을 놓치면 안 된다는 것이다. 상속세 신고 기한은 상속개시일이 속하는 달 말일로부터 6개월이다.

만일 이 기한을 놓칠 경우 무신고 가산세 및 납부지연 가산세가 붙는다. 세금이 얼마나 나오겠느냐 싶어 신고를 안 하는 분들이 생각보다 많다. 그분들은 훗날 가산세를 내며 후회하게 될지도 모른다.

참고로 상속세 결정 기한은 신고 기한으로부터 9개월이다. 유튜브 구독자들 가운데 이 9개월을 신고 기한으로 착각해 "상속세 신고는 9개월 이내로만 하면 되는 거죠?"라고 질문하는 분들이 있는데 여기서 다시 한번 강조해둔다.

관련 법령

상속 등기와 상속세 및 취득세의 신고 납부

(상속 등기) 민법 제1005조 및 제187조, 부동산등기법 제23조 제3항

상속이 개시되면 부동산의 소유권은 등기가 없어도 상속인에게 이전되는 것이나(재산에 대한 포괄적 권리의무 승계), 상속 부동산을 처분하려면 소유권 이전 등기를 해야 한다.

(상속세의 신고 납부) 상속세및증여세법 제67조 제1항

상속세 납부 의무가 있는 상속인 또는 수유자는 상속 개시일이 속하는 달의 말일부터 6개월 이내에 상속세 과세가액 및 과세표준을 신고하여야 한다.

▶ **사례** 상속 개시일이 4월 3일인 경우, 상속 개시일이 속하는 달의 말일은 4월 30일이므로, 상속세 신고 기한은 10월 31일이 된다.

(취득세의 신고 납부) 지방세법 제20조 제1항

취득세 과세 물건을 상속받은 사람은 상속 개시일이 속하는 달의 말일부터 6개월 이내에 그 취득세의 산출세액을 신고하고 납부해야 한다.

※ 한정승인을 한 경우라 하더라도 상속재산에 대해서 상속을 원인으로 등기를 하기 때문에 부동산에 대해 취득세를 낸다.

관련 법령

상속세를 신고하지 않을 경우 발생하는 가산세

국세기본법에 따라 상속세를 신고하지 않는 경우 무신고 가산세와 납부지연 가산세가 부과된다.

- 무신고 가산세: 법정 신고 기한까지 신고하지 않은 경우 납부하여야 할 세액의 20%(부정 행위인 경우에는 40%)를 가산세로 한다.
- 납부지연 가산세: 법정 납부 기한까지 국세의 납부를 하지 않거나 과소하게 납부한 경우에는 다음과 같이 계산한 세액을 가산세로 한다.

  납부하지 않은 세액 × 미납 기간 × 대통령령으로 정하는 이자율(현행 하루 0.022%)

☑ <국세청 아는형>에게 물어보세요

Q. 자녀 네 명이 부동산을 공동지분으로 상속받는 경우 상속인 모두가 1주택자라면 취득세를 절감할 수 있는지요?

A. 1주택자면 안 됩니다. 무주택자가 주된 상속인이 되어야만 특례 세율을 적용할 수 있습니다. 만일 상속인 중에서 무주택자가 없다면 일반 세율(2.96%, 국민주택 규모 초과 시 3.16%)이 적용됩니다.

신고 기간 중 유류분 다툼은 모두에게 손해다

상속은 때로 집안 불화의 원인이 되기도 한다. 유류분 신청은 물론이고 탈세 제보까지 들어온다. 이 경우 승자는 단 두 명이다. 변호사와 국세청. 변호사는 수수료를 얻고, 국세청은 제보를 받기 때문이다.

한 상속인이 부모가 자기 형제에게 과거 증여한 내용이 있으니 증여세를 과세해 달라고 제보한 적이 있다. 법원의 판결까지 거쳐 검증된 내용이라 과세하기도 쉬웠다. 그러나 그 상속인에게도 과연 좋았을까?

만약 증여가 10년 이내에 이루어진 것이라면 이는 상속재산에 가산이 되어 결국은 모든 상속인들이 지분 비율대로 상속세를 더 부담하게 된다. 상속인 모두가 손해를 보는 결말을 맞이하게 되는 것이다. 형제 간 우애가 상하는 것은 물론이다.

절세의 기본!
상속세 신고 체크리스트

지금까지의 내용을 토대로 상속세 신고 시 확인해야 할 사항들을 정리해보자.

첫째, 상속세 신고에 필요한 기본 서류를 챙기고 안심상속 원스톱서비스를 신청하여 재산을 꼼꼼하게 확인한다. 이때 상속인의 주민등록초본은 세무서에서도 관심 있게 살펴보는데, 주소 이전 시기에 피상속인의 통장에서 출금된 돈으로 전세보증금을 지원해주었는지 등을 확인하기 위해서다.

둘째, 안심상속 원스톱서비스를 통해서 부동산 내역 등을 받을 수 있는데, 세무서에서는 현재 보유 내역뿐만 아니라 과거 부동산 매매 내역 및 관련 매매 대금의 흐름 또한 살펴보니 관련하여 문제점이 없는지 확인해야 한다.

셋째, 상속 개시일 기준 금융자산 잔액증명서 및 과거 10년간의 금융 거래 내역을 확인한다. 이때 단순 예금 내역 외에도 상장·비상장 주식, 그리고 대출이 있다면 부채잔액증명서도 필요하다. 금융 거래 내역은 엑셀파일로 받는다. 만약 거래 내역이 미미하다면 없어도 상관은 없다.

위 세 가지는 기본적으로 확인해야 할 사항이고 그밖에도 위에서 언급하지 않은 사업상의 채권이나 개인 간의 채권이 있는지 확인해야 한다. 본래의 상속재산*이 아닌 보험금이나 신탁재산, 퇴직금이 있으면 관련 서류를 챙기고 상속재산가액에서 누락되지 않도록 한다.

다음으로는 공과금, 채무 등 상속세를 줄일 수 있는 요소들이 있는지 확인한다. 만일 상속인들이 모르고 있는 사적 채무가 있고, 이를 갚아야 한다면 상속세 관련 서류로 잘 챙겨둔다.

상속세 신고 준비 작업은 돌아가신 고인의 발자취를 따라가는 일과도 같다. 이 중요한 과정에서 무엇 하나 빠뜨리지 않도록 상속세 신고 체크리스트를 준비했으니 참고가 되기를 바란다.

---

* 본래의 상속재산이란 피상속인 명의의 토지, 예금, 건물 등을 가리키며, 이에 반해 간주·추정 상속재산은 피상속인의 재산은 아니지만 상속재산으로 보는 재산을 뜻하는 법률용어이다.

상속세 신고 체크리스트

구분	서류명
기본 서류	1. 사망진단서
	2. 상속재산분할협의서
	3. 가족관계증명서(피상속인 기준)
	4. 상속인 전부의 주민등록본과 주민등록초본
	5. 재산 조회 통합 처리(안심상속 원스톱서비스) 관련 자료
부동산 및 사전 증여 관련 서류	1. 피상속인 소유 부동산 내역
	2. 피상속인과 상속인의 과거 부동산 매매 내역 및 매매계약서
	3. 피상속인 소유 부동산의 임대차계약서
	4. 상속 개시일 이전 10년 상속인, 5년 상속인 외의 자에게 증여한 재산 목록(기증여 재산 목록)
금융재산	1. 피상속인, 상속인의 상속 개시일 10년 전부터 상속 개시일까지의 금융 거래 내역
	2. 예금잔액증명서
	3. 채무잔액증명서(또는 대출거래내역서)
	4. 유가증권잔고증명서
	5. 비상장주식이 있는 경우 관련 재무제표 등
기타 재산	1. 자동차등록증
	2. 각종 회원권(골프 회원권, 콘도 회원권 등)
	3. 상속 개시일 당시 임차보증금 및 대여금 채권
공과금, 장례비용 및 채무	1. 피상속인이 부담해야 하는 공과금을 상속인이 납부한 납부내역서
	2. 장례비 관련 서류(영수증, 신용카드 매출전표, 납골당 계약서 등)
	3. 개인 사채의 경우 차용증과 이자 지급 내역
	4. 상속 개시일 이후 결제분에 대한 피상속인 신용카드 이용대금명세서
	5. 병원비를 상속인이 납부하는 경우 일자별 진료비 납입확인서 등
간주 상속 재산	1. 사망 보험금 관련 서류(보험료납입증명서, 보험금지급내역서, 보험증권)
	2. 신탁재산이 있는 경우 신탁잔액증명서
	3. 퇴직금이 있는 경우 사망일 이후 퇴직금정산내역서

염지훈 세무사가 알려주는 쉬운 세금 이야기

PART
7

사전증여재산 확인하기

사전증여재산 확인은 필수다

지금으로부터 10년 전쯤 아버지가 어머니에게 조그만 상가를 증여한 적이 있었다. 아버지에게 몰려 있는 재산을 분산하는 게 좋겠다는 어머니의 판단에 따른 것이었다. 이때 내가 증여세 신고를 했는데, 배우자공제 6억 원을 모두 활용하고 10퍼센트의 세율을 적용하여 1천만 원 정도의 세금을 신고했다.

신고를 마치고 뿌듯함에 젖어 있는데 세무서에서 과세예고통지서가 날라왔다. 확인해보니 가산세가 추가되어 있었다. 상가 증여 시기로부터 9년 6개월 전에 사전증여가 있었다는 사실을 놓친 것이었다. 심지어 당시 사전증여 신고를 한 것도 나였다.

통지서에는 가산세를 포함해 3백여만 원의 금액이 추가로 고지되어 있었다. 그 숫자를 보는 순간 쥐구멍에라도 들어가고 싶었다. 부끄러운 마음에 어머니에게는 말도 하지 않고 가산세는 내가 조용히 납부했다.

이처럼 증여를 할 때뿐 아니라 상속세 신고를 할 때에도 사전증여재산을 확인하는 작업은 꼭 필요하다. 상속이 개시되는 날로부터 10년 이내에 피상속인이 상속인에게 증여한 재산, 그리고 5년 이내에 상속인 외의 사람에게 증여한 재산은 모두 상속세 과세가액에 합산이 되기 때문이다.

상속세 신고를 하러 온 상속인들에게 "혹시 상속 개시 전 10년 이내에 사전증여한 재산이 있나요?"라는 질문을 꼭 하는데, 그러면 열에 아홉은 없다거나 잘 모른다고 답을 한다. 부모들이 자녀들 모르게 사전증여를 하고 그 사실을 밝히지 않는 경우도 있기에 그럴 때면 꼭 홈택스를 이용해 사전증여가 있었는지 확인해달라고 말한다.

앞서(이 책의 33쪽) 수증인 기준으로 증여세 결정 정보를 조회하는 방법을 소개한 바 있으나 여기서는 피상속인 기준으로 조회하는 방법까지 포함해 다시 한 번 안내하도록 하겠다. 이를 참고해 독자분들도 한 번쯤 확인해보기를 바란다.

 사전증여재산 확인하기

1. 수증인 기준

(1) 홈택스→세금 신고→증여세→신고 도움 자료 조회→증여세 결정 정보 조회

(2) 조회 기준일(상속 개시일) 입력하여 조회

2. 피상속인 기준(약 7일 소요)

(1) 홈택스→국세 증명→세금 관련 신청/신고 공통 분야→일반 신청 결과 조회→일반 세무 서류 신청

(2) 민원명 찾기(사전증여 등 검색)→조회하기→상속재산 및 사전증여재산 확인 신청

오프라인으로 확인할 수 있는 방법도 있다. 신청서와 위임장을 가지고 가까운 세무서를 방문하면 된다(신청서와 위임장 양식은 부록4를 참고). 이때 위임인의 신분증 사본을 지참할 경우 더 확실하게 조회가 가능하다.

이상의 방법으로는 증여세 신고를 한 증여분에 대해서만 확인이 가능하다. 신고를 하지 않았거나 결정도 되지 않은 경우에는 당연히 조회가 안 되니 그런 것이 있다면 스스로 신고하고 반영해야 한다.

사전증여 때문에 회사가 흔들린 사례

모 회사에서 회장이 임직원들에게 370억 원의 주식을 증여했다. 10퍼센트의 낮은 세율로 증여세도 납부했다. 그런데 회장이 사망했다.

문제는 임직원들이 주식을 증여받은 사실로 인해 상속인들이 상속세 150억 원 추가로 부담해야 하는 일이 발생한 것이다. 앞서 설명했듯, 상속 개시일 5년 이내에 상속인이 아닌 사람에게 준 자산도 상속세자산가액에 포함되어 50퍼센트의 세율이 적용되기 때문이다. 결국 상속인들은 어마어마한 상속세를 납부하기 위해 회사를 매각하기로 결정했다. 상속인들에게도, 직원들에게도 억울하기 짝이 없는 일이었다. 만일 회장이 생전 우리사주조합을 통해 직원들에게 주식을 나눠주었다면 이런 일은 발생하지 않았을 것이다.[*]

---

[*] 이 아이디어는 이주연 회계사가 제공해준 것이다.

관련 법령

상속세및증여세법 제13조 【상속세 과세가액】

① 상속세 과세가액은 상속재산의 가액에서 공과금 등 과세가액 공제액을 뺀 후 다음 각 호의 재산가액을 가산한 금액으로 한다.

1. 상속 개시일 전 10년 이내에 피상속인이 상속인에게 증여한 재산가액

2. 상속 개시일 전 5년 이내에 피상속인이 상속인이 아닌 자에게 증여한 재산가액

※ 이렇게 사전증여재산을 상속세 과세가액에 합산하는 경우 **증여 시점에서 이미 납부한 증여세 상당액에 대해서는 상속세 산출세액에서 차감**함으로써 증여세와 상속세의 이중과세를 방지하고 있다.

자녀들도 모르는 사전증여가 있다고?

토요일 아침, 골프 모임을 나가기 위해 준비하고 있는데 전화 한 통이 왔다. 본인을 〈국세청 아는형〉 구독자이자 요양보호사라고 소개한 여자분이었다. 지금은 할아버지 한 분의 요양보호를 전담하고 있다고 했다.

"그런데 그 할아버지가 두 달 전에 제게 1억 원을 주셨어요."

"왜 주셨어요?" 다소 이례적인 상황이어서 갑자기 흥미가 생겼다.

"제가 잘 해드려서 그런 것 같아요. 다음에 또 2억 원을 주신다고 하는데 어떻게 해야 할지 모르겠어요."

상대가 나에게 무엇을 묻고 싶어 전화까지 한 것인지, 잠시 생각을 고르다가 말을 이었다.

"할아버지가 자식이 없으세요?"

혹시 상속인이 있는지 확인한 것이다.

"자식들이야 많죠. 그런데 통 와보질 않아요."

그제서야 자초지종을 알게 되었다. 100세가 다 되어가는 노인이 요양보호사와 단 둘이 지내면서 고마운 마음에 3억 원을 증여한 것이었다. 요양보호사분은 훗날 노인의 자식들이 이 사실을 알게 되면 자신을 해코지하거나 자신에게서 돈을 빼앗아갈까봐 걱정하고 있었다.

"할아버지가 혹시 정신이 있으세요?"

"멀쩡하세요."

나는 예금 입금액에 대해서 증여계약서(부록5)를 작성하고 반드시 가지고 있으라고 충고했다. 만약 이 할아버지가 5년 이내에 돌아가시면, 요양보호사가 증여받은 3억 원도 상속재산가액에 포함되고, 상속인들에게 1억 원이 넘는 세금이 추가로 부과될 수 있다. 그러니 나를 포함한 모든 자식들이여, 부모님께 잘 하자.

염지훈 세무사가 알려주는 쉬운 세금 이야기

PART
8

상속공제

일괄공제는 피상속인이 거주자일 경우에만 받을 수 있다

자식이 한 명만 있어도 일괄공제 5억 원을 받을 수 있다. 그런데 이는 피상속인이 거주자일 경우에만 해당되며, 피상속인이 비거주자인 경우에는 기초공제 2억 원만 받을 수 있다.

가끔 공제금액이 일괄공제액 5억 원을 초과하는 경우가 있는데, 상속인이 아주 많은 경우이거나 상속인 중에 장애인이 있는 경우이다. 그러니 일괄공제를 5억 원으로 못 박아두지 않는 것이 좋다. 그보다 적을 수도, 많을 수도 있는 것이다.

더욱이 상속세및증여세법 개정안이 통과된다면 일괄공제 5억 원은 거의 의미 없는 숫자가 될 것이다. 자식이 한 명만 있어도 인적공제금액이 7억 원이 되어 일괄공제 5억 원을 받을 이유가 없기 때문이다.

관련 법령

상속세 기본공제 관련(상속세및증여세법 제18조, 제20조, 제21조)

(기초공제) 사망으로 상속이 개시되는 경우 2억 원을 기초공제액으로 한다.

(그 밖의 인적공제, 거주자만 해당)

① 자녀공제: 자녀 수(태아 포함) × 5천만 원

② 미성년자공제: 미성년자 수(태아 포함) × 1천만 원 × 19세까지의 잔여 연수

③ 연로자[*]공제: 연로자 수 × 5천만 원

④ 장애인공제[**]: 장애인 수 × 1천만 원 × 기대여명 연수[***]

- [*] 연로자란 상속인(배우자를 제외) 및 동거 가족 중 65세 이상자를 말한다.
- [**] 장애인공제는 상속인(배우자를 포함) 및 동거 가족 중 장애인이 있는 경우에 해당한다.
- [***] 장애인의 기대여명은 한국통계정보원의 국가통계포털(KOSIS)에서 기대여명을 검색하여 나오는 완전생명표를 통해 확인할 수 있다.

(일괄공제) 상속인이나 수유자는 5억 원의 일괄공제금액이나 기초공제와 그 밖의 인적공제를 합한 금액 중 큰 금액을 공제받을 수 있다. 다만, 상속인이 배우자 단독인 경우에는 일괄공제를 적용할 수 없고 기초공제와 그 밖의 인적공제의 합으로 적용한다.

※ 기한 내에 신고하지 않은 경우에는 일괄공제로 5억 원만 적용할 수 있다.

사례 ▶ 남편이 사망하고 아들(20세, 장애인), 딸(15세)이 상속인이 된 경우

기초공제 2억 원

그 밖의 인적공제 7.4억 원

　① 자녀공제: 2인 × 5천만 원 = 1억 원

　② 장애인공제(아들): 1인 × 1천만 원 × 기대여명(60년) = 6억 원

　③ 미성년자 공제: 1인 × 1천만 원 × 잔여 연수(4년) = 4천만 원

일괄공제 5억 원

max[일괄공제 5억 원, (기초공제 + 그 밖의 인적공제) 9.4억 원] = 9.4억 원

→ 이 사례의 경우 일괄공제 5억 원을 적용하지 않고 기초공제와 그 밖의 인적공제를 합한 9.4억 원을 적용한다.

※ 2024년 7월 25일 발표된 세법 개정안

상속세의 인적공제 중 자녀공제를 1인당 5천만 원에서 5억 원으로 상향한다.

(상속세및증여세법 제20조 제1항 1호)

　① 거주자의 사망으로 상속이 개시되는 경우로서 다음 각 호의 어느 하나에 해당하는 경우에는 해당 금액을 상속세 과세가액에서 공제한다.

　자녀(태아를 포함한다) 1명에 대해서는 5억 원

배우자공제도 아는 만큼 받는다

상속재산을 분할할 경우 가장 중요하게 고려해야 할 사항은 배우자공제를 최대화할 것인지의 여부이다. 가업상속공제나 영농상속공제를 제외하고 일반적인 공제 중 가장 큰 금액은 배우자공제인데, 이때의 배우자는 법률상의 배우자여야 한다. 법률상 배우자가 아니라면 사실혼 관계로 20년을 넘게 같이 살았다 해도 공제받을 수 있는 금액은 0원이다. 이혼을 한 관계에서도 당연히 공제를 받을 수 없다. 배우자공제는 법률상 배우자만이 누릴 수 있는 혜택이다.

배우자공제를 최대한 많이 받고 싶다면 배우자의 법정 상속지분 이상으로 배우자가 실제 상속받아야 한다. 그러나 그 배우자가 사망할 경우 역시 상속이 발생할 수 있기 때문에 이후에 있을 상속도 고려해서 상속재산을 배분하는 게 좋다.

관련 법령

배우자공제액 산출 방식(상속세및증여세법 제19조)

배우자공제금액 min(배우자가 실제 상속받은 금액, 배우자상속공제 한도액)

배우자상속공제 한도액 상속재산가액 × 배우자 법정상속분 − 배우자 사전증여 재산 과세표준

최소 공제금액 5억 원(재산을 상속받지 않아도 이 금액은 공제된다.)

최대 공제금액 30억 원

※ 배우자공제를 받으려면 상속세 신고 기한 다음 날부터 9개월 이내 배우자 상속재산을 분할한 경우여야 한다(등기, 등록 등이 필요한 경우에는 그 등기, 등록이 되어야 함).

금융재산공제: 순금융재산이 많으면 유리하다

언젠가 〈국세청 아는형〉 채널을 담당하는 문PD와 지인의 상속과 관련해 대화를 나눈 적이 있다. 여기에 소개하면 좋을 것 같아 대화를 옮겨보았다.

문PD: 저와 친한 동생 아버지가 중환자실에 계신데 이번주를 못 넘기실 것 같대요.

나: 아이고 어쩌냐. 연세가 어떻게 되시는데?

문PD: 70대 초반이신데, 암 진단을 받자마자 급속히 진행됐어요.

나: 많이 당황하고 힘들겠네.

문PD: 그런데 그 친구가 최근 아버지 체크카드로 매일 천만 원씩 5천만 원 정도를 현금으로 출금했다고 하더라고요. 그게 상속세를 줄이는 데 유리한 거예요?

나: 나도 그런 경우를 많이 봤는데, 크게 유리할 건 없고 오히려 불리해.

문PD: 어떤 게 불리해요?

나: 상속공제 항목 중에서 금융재산 상속공제라는 게 있어. 금융기관에 예치된 순금융재산

의 20퍼센트를 상속재산가액에서 차감해주는데, 예금을 인출했으니 해당 공제를 받지 못하지. 그 친구는 합법적으로 받을 수 있었던 천만 원의 공제금액을 날린 거야.

관련 법령

금융재산 상속공제(상속세및증여세법 제22조)

순금융재산(금융재산 - 금융채무)이

① 2천만 원 초과 시: min[max(2천만 원, 순금융재산가액 × 20%), 한도 2억 원]을 공제

② 2천만 원 이하 시: 순금융재산 전액을 공제

위의 금융재산 상속공제금액을 표로 정리하면 다음과 같다.

기타소득금액	세율
2천만 원 이하	해당 순금융재산 전액
2천만 원 초과~1억 원 이하	2천만 원
1억 원 초과~10억 원 이하	해당 순금융재산가액 × 20%
10억 원 초과	2억 원

※ 공제 대상 금융재산의 범위는 **금융기관이 취급하는 예금, 적금, 보험금, 주식** 및 어음 등을 말하며, 최대주주의 주식과 신고 기한까지 신고하지 않은 타인 명의 금융재산은 제외된다.

추정 상속재산: 예금 인출액, 재산 처분금액의 행방을 찾아서

문PD: 형, 그런데 예금을 계속 인출하다가 부모님이 사망하시면 상속재산 가산 시 그만큼 금액이 빠지니 좋은 거 아니예요?

나: 출금한 금액에서 재입금된 금액을 차감한 순인출금액이 1225(일명 12월 25일, 크리스마스)에 해당한다면 추정 상속재산으로 간주되어 상속재산에 가산돼.

문PD: 1225*가 뭐예요?

나: 일명 크리스마스라고도 불리는데 추정 상속재산 해당 여부의 기준을 기억하기 쉽게 표현한 거야. 예금 인출액, 재산처분금액이 각각 1년에 2억 원, 2년에 5억 원 이상이라면 세무서에서 사용 내역을 소명하라고 요구할 수 있어. 만약 그 용도가 객관적으로 명백하지 않은 경우 일정 금액을 차감하고 상속재산에 가산하는 거지.

문PD: 일정 금액을 차감해주는 이유는 뭐예요?

---

* 1225라는 약어는 후배 묘환이가 쉽게 표현해준 것으로, 항상 많은 도움을 주는 그에게 감사를 전한다.

나: 피상속인이 출금한 돈을 어떻게 썼는지 모두 소명하기는 어려우니, 부담을 어느 정도 덜어주는 거라고 생각하면 돼.

관련 법령

추정 상속재산(상속세및증여세법 제15조)

1. 상속재산 추정 요건

(1) 재산의 처분 또는 인출금액 요건

피상속인이 재산을 처분하거나 인출한 금액이 다음에 해당하는 경우

① 상속 개시일 전 1년 이내에 재산 종류별*로 계산하여 2억 원 이상인 경우

② 상속 개시일 전 2년 이내에 재산 종류별로 계산하여 5억 원 이상인 경우

※ 예금 등을 인출한 금액이란 피상속인이 '순인출'한 금액을 말한다. 즉, 각 기간 동안 피상속인이 인출한 금액에서 예입한 금액을 차감한 것이다.

* '재산 종류별'이란 ① 현금, 예금 및 유가증권 ② 부동산 및 부동산에 관한 권리 ③ 그 밖의 기타 재산으로 구분한다.

(2) 채무 부담 요건

피상속인이 채무를 부담한 금액이 다음에 해당하는 경우(국가나 금융기관에 대한 채무를 의미)

① 상속 개시일 전 1년 이내에 채무 부담액 합계가 2억 원 이상인 경우

② 상속 개시일 전 2년 이내에 채무 부담액 합계가 5억 원 이상인 경우

2. 추정 상속재산의 계산

① 재산의 처분 또는 인출한 금액

　추정 상속재산 = 용도 미입증 금액 - min(처분·인출한 재산가액 × 20%, 2억 원)

② 국가, 지방자치단체 또는 금융기관으로부터 차입하여 용도가 불분명한 경우

　추정 상속재산 = 용도 미입증 금액 - min(처분·인출한 재산가액 × 20%, 2억 원)

③ 국가, 자방자치단체 또는 금융기관 외로부터 차입하여 상속인이 변제할 의무가 없는 경우

　추정 상속재산 = 변제 의무 없는 금액 전체

3. 상속 추정 배제

재산의 처분금액이나 예금 인출액 등에 대해 용도가 불분명한 금액이 다음의 상속 추정 배제 금액에 미달하는 경우에는 상속 추정 규정을 적용하지 않는다.

min[일정 기간(1225) 내의 재산 종류별 재산의 처분·인출금액 × 20%, 2억 원]
→ 즉, 1년에 2억 원, 2년에 5억 원의 재산 종류별 재산의 처분이나 인출 또는 채무의 부담에 대하여 그 용도의 입증이 80퍼센트 이상 이루어지는 경우에는 상속 추정을 배제한다는 뜻이다.

동거주택 상속공제: 적극적인 상담을 통한 절세 사례

동거주택 상속공제 제도는 상속세 계산 시 상속인이 상속받은 부동산에서 피상속인과 일정 기간 동거하였을 경우 세금을 감면해주는 제도이다.

최근 상속세 신고 대행을 하면서 고인인 아버지가 실거주하던 아파트를 상속받게 된 아들이 아파트를 기준시가로 신고해서 상속세를 절감하게 해달라고 부탁한 적이 있었다. 살펴보니 해당 아파트는 기준시가로 신고하면 약 3억 원이었고, 유사매매사례가액은 없었으며 감정평가를 할 경우 6억 원까지 오를 수 있는 물건이었다.

흔히들 기준시가를 낮추면 상속가액도 낮아지니 유리한 것 아니냐 생각하겠지만 이 경우 한 가지 더 확인해봐야 할 사항이 있다.

"혹시 이 아파트에서 아버지와 함께 거주하셨나요?"

"네, 성인이 돼서 줄곧 함께 살았으니 10년은 넘었을 거예요."

아들이 10년 이상 같은 세대원으로 살았으니 동거주택 상속공제 요건은 충족된다. 나는 재빨리 아파트를 기준시가(3억 원)로 신고하는 경우와 감평가(6억 원)로 신고

하는 경우로 나누어 세액을 계산해보았다. 그 결과 감평가로 신고할 경우 동거주택 상속공제 한도 안에서 총 재산 3억 원을 증가시켜서 배우자공제도 늘어나 상속세 약 5천4백만 원을 절약할 수 있다는 사실을 알아냈다. 동거주택 상속공제는 최대 6억 원까지 받을 수 있고 배우자 상속공제는 배우자가 실제로 상속받는 재산이 많을수록 증가하기 때문이다.

당시 계산 과정을 간단하게 설명하면 다음과 같다.

① **아파트 외 예금 등 다른 재산을 배우자에게 법정 지분 비율 이상 분배**
② **세율구간 30%**
③ **동거주택 상속공제 요건 충족한 아들(1명)이 아파트 상속**

	아파트 3억 원으로 평가 시	아파트 6억 원으로 평가 시
동거주택 상속공제	3억 원	6억 원
배우자공제	1.8억 원	3.6억 원

→ **상속세 과세표준 1.8억 원 감소**(세율 30% 적용, 세액 5천4백만 원 감소)

동거주택 상속공제 요건을 잘 모르면 크게 손해를 볼 수 있다. 동거한 자식이 있는데도 배우자공제를 많이 받으려고 해당 주택을 배우자가 상속받은 사례를 예로 들 수 있는데, 과거에는 배우자도 동거주택 상속공제를 받을 수 있었으나 지금은 직계비속만 가능하다는 사실을 인지하지 못해 벌어진 일이었다. 결과적으로 아들에게 상속했을 경우 받을 수 있는 6억 원의 공제를 날리고 납부지연 가산세까지 부담해야 했다.

관련 법령

동거주택 상속공제(상속세및증여세법 제23조의 2)

1. 요건

① (10년 이상 동거) 피상속인과 상속인이 상속 개시일로부터 소급하여 10년 이상(상속인이 미성년자인 기간은 제외한다) 계속하여 하나의 주택에서 동거할 것

② (10년 이상 1세대 1주택) 피상속인과 상속인이 상속 개시일로부터 소급하여 10년 이상 계속하여 1세대를 구성하면서 1세대 1주택(무주택 기간도 포함)에 해당할 것

③ (상속 개시 당시 무주택 등) 상속 개시일 현재 무주택자이거나 피상속인과 공동으로 1세대 1주택을 보유한 자로서 피상속인과 동거한 상속인이 상속받은 주택일 것

- 주택을 받는 상속인은 직계비속이어야 하며 피상속인의 배우자는 적용되지 않는다.
- 다만, 징집이나, 고등학교 등 학교의 취학, 직장 등 근무상의 형편이나 1년 이상의 장기 치료나 요양이 필요한 경우에 해당하여 동거하지 못한 경우에는 계속하여 동거한 것으로는 보되 해당 기간은 동거 기간 계산 시에 포함하지 않는다.
- 1세대 1주택에 해당하는 경우에는 이사 등으로 인한 일시적인 2주택 규정도 포함된다.

2. 공제

상속주택가액에서 담보된 채무를 차감한 금액을 공제하되 그 한도는 6억 원으로 한다.

한편 10년 이상 피상속인과 함께 거주했어야 한다는 규정 때문에 안타까운 일들이 발생하기도 한다. 한 지인의 경우 공제 요건 10년에서 딱 2개월이 모자랐다. 그분이 더 억울했던 이유는 그 부족한 2개월도 이미 동거하는 상황에서 단지 주소 이전을 늦게 하는 바람에 발생했다는 것이었다. 한동안 동거 사실을 입증하기 위해 다방면으로 애쓰던 모습이 기억난다. 좋은 결과로 이어졌기를 바랄 뿐이다.

또 부모님과 10년 3개월을 동거했으나 고인이 되신 아버지가 요양원에서 보냈던 마지막 1년을 동거 기간으로 인정받지 못한 사례도 있다. 이처럼 중간에 질병으로 인한 요양 등으로 함께하지 못한 기간은 계속 동거한 것으로 보되, 동거 기간으로는 인정해주지 않는다.

관련 법령

동거주택 상속공제 적용 시 동거 기간의 계산

동거주택 상속공제를 적용하기 위해 동거 기간을 계산할 때, 주민등록 여부와 관계없이 실제 같이 살았던 기간으로 계산한다. 실제 같이 거주했다는 것은 카드 사용 내역, 신문 구독 내역, 거주사실확인서, 아파트 입주자 카드, 통신 내역 등으로 객관적으로 입증할 수 있어야 한다.

(서면-2021-상속증여-2580, 2021. 8. 25.)
동거 기간의 계산은 피상속인과 상속인이 주민등록 여부와 관계없이 한 집에서 실제 같이 살았던 기간을 말하는 것임.

(조심-2011-서-0843, 2011. 9. 21.)
청구인이 상속 주택에서 상속 개시일로부터 소급하여 10년 이상 계속하여 거

> 주한 사실에 대하여 인감증명서를 첨부하지 않은 정○○의 확인서와 ○○일보 지국장이 작성한 신문 구독 확인서만으로는 객관적 입증 자료라고 보기 어려워 동거주택 상속공제를 불공제하여 상속세를 과세한 처분은 달리 잘못이 없는 것으로 판단된다.

동거주택 상속공제 제도는 상속세 신고 시 세무사와 상속인의 적극적인 소통이 중요하다는 것을 보여주는 좋은 예이다. 상속인과 세무사 간의 소통은 절세의 지름길이다. 그 밖에 세무사와의 소통을 통해 상속인이 얻을 수 있는 이득을 예로 들면 다음과 같다.

① **적절한 재산 분배**
- 배우자공제 극대화, 추후 재상속 발생 시 세금 효과 고려
- 상속인의 종부세, 취득세, 양도세, 아파트 당첨 효과 고려

② **누락 재산 찾기**
- 비상장주식, 퇴직금, 보험금 등 누락하기 쉬운 재산 찾기
- 금융 분석을 통해 누락된 사전증여 신고
- 추정 상속재산 신고 검토

③ **정확한 재산 평가**
- 법 한도 내에서 재산 평가를 높일지, 낮출지 여부

가업상속공제: 최대 600억 원 공제가 가능하다

매주 주말이면 부모님 집을 찾는데, 그럴 때면 같은 아파트에 사는 중학교 동문 기현과 마주칠 일이 종종 있다. 기현이는 아버지 회사에서 일을 하며 사업을 이어받을 준비를 하고 있었다. 어느날 우연히 엘리베이터에서 마주쳤는데 진지하게 이야기를 꺼낸다.

"지훈아, 내가 아버지 회사 주식을 증여받으려고 하는데 세금이 얼마나 나올까?"

기현은 주식 증여에 대한 증여세는 회사에서 퇴직금을 받아 낼 계획이라고 했다. 기현의 말을 듣는 순간 최근에 바뀐 가업상속공제 규정이 머리에 떠올랐다.

"가업상속공제라는 게 있는데 그걸 이용하면 세금을 안 내도 돼."

"그 이야기는 들었어. 그런데 우리 세무사가 너무 복잡해서 어렵다던데?"

같은 세무사로서 어이가 없었다. 제조업 분야에서 제법 탄탄하게 운영되어온 회사였고, 줄곧 아버지가 대표였으며, 아들은 실제로 그곳에서 일한 지도 오래된 데다 곧 대표 취임까지 앞두고 있는데 뭐가 어렵다는 것인지 모르겠다.

우연히 마주친 터라 가업상속공제 요건을 일일이 다 설명해주지 못했지만 기현이가 이후에 세무사를 통해서 그에 대한 충분한 설명을 들었기를 바란다. 그리고 가업상속공제를 고민하시는 분들이 있다면 적극적으로 활용하길 권한다.

상속세및증여세법 개정으로 가업상속공제금액은 계속 늘어나는 추세이며, 사후관리 요건은 점점 더 완화되는 추세이니, 국가 정책을 잘 활용할 필요가 있다.

관련 법령

가업상속공제(상속세및증여세법 제18조의 2)

1. 공제 요건

(1) '가업'의 요건

피상속인이 **10년 이상 계속하여** 경영한 기업으로 **일정한 중소기업 또는 중견기업***을 말한다.

* 일정한 중소·중견기업이란 매출액 및 자산 총액 기준과 법에 정하는 업종(임대업 등 제외) 등을 영위하는 것을 말한다.

(2) '피상속인' 요건(모두 충족)

① (거주자 요건) 피상속인이 상속 개시일 현재 거주자일 것

② (법인 가업의 경우 주식 요건) 최대 주주 등으로서 지분을 40%(상장법인은 20%) 이상 10년 이상 계속하여 보유하는 경우에 한정

③ (재직 요건) a. 가업 기간 중 10년 이상(상속인이 피상속인의 대표이사직을 승계하여 상속 개시일까지 계속 재직한 경우로 한정) 또는 b. 전체 사업 영위 기간의 50% 이상 또는 c. 상속 개시일로부터 소급하여 10년 중 5년 이상을 대표이

사로 재직하여야 한다.

(3) '상속인' 요건(모두 충족)
① 상속 개시일 현재 18세 이상일 것
② 상속 개시일 전 2년 이상 가업에 종사할 것
   ※ 다만, 피상속인이 65세 이전에 사망하였거나, 천재지변 등 부득이한 사유로 사망하는 경우에는 2년 이상 직접 가업 종사 요건은 갖추지 않아도 된다.
③ 상속세 신고 기한까지 임원으로 취임하고, 상속세 신고 기한으로부터 2년 이내에 대표이사로 취임할 것

2. 공제금액

(1) 공제금액: 가업상속재산가액 × 100%
   ※ 가업상속재산에서 사업 무관 자산은 제외하고 계산
(2) 공제 한도: 다음의 금액을 공제 한도로 한다.

피상속인의 가업 계속 영위 기간	공제 한도
10년 이상 20년 미만	300억 원
20년 이상 30년 미만	400억 원
30년 이상	600억 원

가업승계에 대한 증여세 과세특례(조세특례제한법 제30조의 6)

1. 요건
① 증여자 요건: 60세 이상의 부모 등으로 최대주주 지분 40%(상장법인은 20%

이상)를 10년 이상 계속하여 보유
② 수증자 요건: 18세 이상의 거주자로서 증여세 신고 기한까지 가업에 종사하고 증여일로부터 3년 이내에 대표이사에 취임
③ 증여 대상 가업 요건: 가업상속공제의 가업 요건과 동일. 다만, 가업승계에 대한 증여세 과세특례는 개인사업체의 경우 적용 대상이 아니며 법인 가업에만 적용된다.

증여재산의 한도는 부모의 가업 계속 영위 기간에 따라 다음과 같다

부모의 가업 계속 영위 기간	공제 한도
10년 이상 20년 미만	300억 원
20년 이상 30년 미만	400억 원
30년 이상	600억 원

2. 과세특례

과세가액에서 10억 원을 공제하고, 세율 10%(과세표준 120억 원 초과분은 20%)를 적용하여 증여세를 납부한다.

3. 증여자 사망 시 상속세 계산 특례

일반 재산은 10년 이내 증여분만 상속세 과세가액에 합산하지만, 해당 **증여세 과세특례가 적용된 주식 등의 가액은 기간에 관계없이 증여 당시 평가액을 상속세 과세가액에 산입하여 상속세를 계산하되, 미리 납부한 증여세액은 상속세의 산출세액에서 공제**하여 정산한다. 다만, 가업승계에 대한 증여세 과세특례를 적용받은 후 상속 개시일 현재 **가업 상속 요건을 모두 갖춘 경우 가업상속공제도 적용**받을 수 있다.

4. 사후관리

사후 의무 이행 위반으로 증여세가 추징되는 경우

(1) 가업의 미승계: 수증자가 증여세 신고 기한까지 가업에 종사하지 않거나 증여일로부터 3년 이내에 대표이사에 취임하지 않은 경우

(2) 주식 등을 증여받고 5년 이내 정당한 사유 없이 다음 어느 하나에 해당한 경우

① 5년 이상 대표이사직을 유지하지 않은 경우
② 가업의 주된 업종을 변경하는 경우(단, 대분류 내 변경은 허용)
③ 가업을 1년 이상 휴업·폐업하는 경우
④ 주식 등을 증여받은 수증자의 지분이 감소하는 경우

※ 사후관리 요건을 충족하지 아니한 경우 증여세 및 이자 상당액이 부과된다.

가업상속공제와 가업승계 증여세 과세특례

가업상속공제는 일정한 요건을 갖추고 상속이 개시된 경우 가업상속공제를 통해 가업승계에 따른 상속세 부담을 경감시켜주는 제도(사후 가업상속의 의미)이며, 가업승계 증여세 과세특례는 중소기업 등 경영자의 고령화에 따라 생전에 자녀에게 가업을 계획적으로 사전에 상속하도록 함으로써 중소기업의 영속성을 유지하고자 하는 취지에서 실행되는 제도이다.

가업승계 증여세 과세특례의 경우 낮은 세율로 증여세를 과세하되 추후 상속이 개시되면 상속세로 정산하는 개념(사전 가업승계의 의미)이며, 요건을 모두 갖춘 경우 가업승계 증여세 과세특례를 적용받은 후라도 상속 개시 후 가업상

속공제의 적용이 가능하다.

※ 2025년 세법 개정안 통과 시 주식을 평가하는 경우 최대주주 보유 주식의 할증 평가 적용은 전면 폐지된다. 이는 2025년 1월 1일 이후 상속이 개시되거나 증여받는 분부터 적용된다.

가업상속공제 사후관리

가업상속공제를 받으면 세무서에서는 그 요건을 철저히 검토한다. 대체로 그 공제액이 매우 크기 때문이다. 신고 당시 공제 요건에 맞았다고 끝이 아니며, 세무공무원은 해당 공제 요건을 매년 검토한다.

국세청은 가업상속공제를 받은 업체를 세무서에 하달하여 조직적으로 검토를 실시하도록 하고, 다시 그 결과를 보고받는다. 이 과정에서 사후관리 요건을 위배한 경우에는 상속세 추징으로 이어질 수 있으므로 가업상속공제를 받은 뒤에도 그 요건을 철저하게 준수해야 한다.

관련 법령

가업상속공제 사후관리(상속세및증여세법 제18조의 2 제5항)

상속 개시 후 **5년 이내**에 다음과 같은 사유가 발생하는 경우 공제액 및 이자가산액을 추징한다.

① **(가업용 자산 처분)** 해당 가업용 자산의 40% 이상을 처분한 경우
② **(가업 미종사)** 상속인이 가업에 종사하지 않게 된 경우 및 가업의 주된 업종을 변경(단, 표준 분류상 대분류 내에서 변경은 허용)하거나 해당 가업을 1년 이상 휴업·폐업하는 경우
③ **(상속인 지분 감소)** 상속인의 상속받은 주식을 처분하는 등으로 지분 감소 시
④ **(고용 유지)** 5년간 정규직 근로자 수의 전체 평균이 상속 개시 직전 두 개 연도 평균 수의 90%에 미달하고, 총 급여액의 전체 평균이 상속 개시 직전 두 개 연도 평균 총 급여액의 90%에 미달하는 경우

상속공제 종합 한도: 상속재산이 적어도 상속세가 부과될 수 있다

강남 상담실에서 상담을 마치고 화성 사무실로 가기 위해 운전을 하고 있는데 한 상속인에게서 연락이 왔다. 아버지가 돌아가셨고 유언에 의한 상속이 진행 중인 분으로, 본인을 포함한 자녀 여섯 명과 손자 한 명이 집 한 채를 상속받았다는 내용이었다.

"상속재산가액이 얼마이신가요?"

"1억 2천만 원이에요."

생각보다 적은 금액에 내 귀를 의심했다.

그분은 아는 세무사를 통해 세금이 1백만 원 정도 나올 거라는 이야기를 들었는데 〈국세청 아는형〉 유튜브를 보고 재차 확인을 하고 싶어 연락했다고 한다. 그리고서는 내게 세무사가 작성한 계산 내역을 메신저로 보내주었다.

운전 중이라 계산 내역을 유심히 보지는 못했지만 내게는 너무 단순하게 느껴지는 사안이었다. 자녀가 여섯 명인데 1억 2천만 원 상속을 받았다면 일괄공제 5억 원만 받아도 세금이 안 나오기 때문이다.

"이 건은 세금이 안 나와요."

그렇게 이야기했다. 자신있게.

결론부터 이야기하자면 내 계산이 틀렸다. 나중에 차에서 내려 계산 내역을 확인하니 내가 미처 고려하지 못한 부분이 있었다는 것을 알게 되었다. 바로 상속공제 종합 한도다.

상속공제의 적용에는 종합 한도가 있다. 한도를 두는 취지는 상속인들이 실제 상속받은 재산까지만 상속공제를 적용하고자 함이다. 대표적으로, 상속인이 아닌 자(손자, 손녀 등)가 유증 등으로 상속을 받은 경우 그 금액은 상속공제의 대상이 될 수 없다.

세금은 상속인이 처음 확인한 1백여만 원이 나오는 게 맞았다.

이 일을 계기로 나는 전화를 통한 상담을 줄였다. 그간 쏟아지는 전화 상담을 마다하지 않다 보니 정말 필요한 상담에 귀를 기울이지 못하기도 하고 때로는 소홀함을 보였던 것 같다. 상담을 많이 하는 것보다 한 분을 만나더라도 열과 성을 다하는 것이 중요하다는 것을 깨달았다.

관련 법령

상속공제 종합 한도(상속세및증여세법 제24조)

상속공제 종합 한도액 = 상속세 과세가액 - ① - ② - ③

① 선순위인 상속인이 아닌 자에게 유증 등을 한 재산가액

② 선순위 상속인의 상속 포기로 다음 순위 상속인이 받은 상속재산가액

③ 상속세 과세가액에 가산한 증여재산의 과세표준액*(상속세 과세가액이 5억 원을 초과하는 경우에만)

* 사전증여 과세표준액이란 증여재산가액에서 증여공제 등을 차감한 금액을 말한다.

※ 상속재산 평가액이 상속공제(기초공제 2억 원, 일괄공제 5억 원, 배우자상속공제 등)의 합계액에 미달하더라도 사전증여재산이 있는 경우에는 상속공제 한도액으로 인하여 상속세가 계산될 수 있다.

사례 상속 개시일이 2024년 1월 1일이고 상속재산이 6억 원이다. 상속 재산 6억 원 안에는 상속 개시일 1년 전 자녀에게 사전증여한 재산 3억 원이 포함되어 있다. 상속인은 배우자와 성인 자녀 1인인 경우로, 상속세를 무신고한 경우 상속세 과세표준은?

상속재산가액 6억 원

상속공제액 3.5억 원

일괄공제 5억 원 + **배우자 공제** 5억 원 = 10억 원

한도 6억 원(상속세 과세가액) − 2.5억 원(사전증여재산 과세표준) = 3.5억 원

상속세 과세표준 6억 원 − 3.5억 원 = 2.5억 원

염지훈 세무사가 알려주는 쉬운 세금 이야기

PART

부동산 평가

부동산 평가는 어떻게 해요?

지금까지 상속세 신고 절차에 대해 알아보았다면 여기서는 자산의 평가라는, 어쩌면 절차만큼이나 중요한 사항에 대해 이야기해보려고 한다.

예를 들어 고인이 되신 아버지가 보유하던 부동산을 상속받게 되었다고 하자. 그 아파트의 자산 가치는 얼마나 되고, 어떻게 평가할 수 있을까? 만약 그 부동산이 아파트라면 시가가 형성되어 있는지가 중요하다. 여기에는 우선순위가 있다.

시가 우선순위(상속 개시일 전후 6개월 중)

① 상속받은 해당 아파트의 매매가액, 경매, 공매, 수용가액

② 상속받은 해당 아파트의 감정평가액

③ 유사매매사례가액

④ 보충적 평가액(공동주택 기준시가)

보통은 상속 개시일 전후 6개월 이내 상속받은 아파트의 매매가액, 경매, 공매, 수용가액 등이 있는지가 관건인데, 일반적으로 상속 개시일 직전에 취득한 부동산이 아니라면 해당 아파트의 매매가액이 없는 경우가 대부분이다.

혹은 상속 개시일부터 6개월 이내에 상속받은 아파트를 매매하게 된다면 그 가격이 곧 상속재산가액이 된다. 이런 경우, 상속받은 재산가액, 즉 취득가액과 양도가액이 동일해지면서 양도소득은 0이 되고, 양도세 부담도 0이 된다.

흔히들 아파트라면 같은 단지의 같은 평수로 매매가액을 충분히 알 수 있지 않느냐고 생각한다. 나홀로아파트가 아니라면 6개월은 매매가 일어나기에 충분히 긴 기간이다. 그러나 위에서 말한 '해당 아파트의 매매가액'은 상속받은 해당 아파트의 해당 호를 말하는 것이다. 사람들이 매매가액으로 착각하고 있는 것은 유사매매사례가액이다.

유사매매사례가액이 뭐예요?

상속받은 아파트에 매매가액 등이 없다면 유사매매사례가액이 있는지를 봐야 한다. 유사매매사례가액은 해당 아파트와 동일 단지 내에 있으며 전용면적과 기준시가 차이가 모두 5퍼센트 이내인 아파트 가운데 상속 개시일 전후 6개월 이내에 매매계약이 체결된 건을 통해 확인할 수 있다.

관련 법령

유사매매사례가액 적용 기준(상속세및증여세법 시행규칙 제15조 제3항)

공동주택 가격이 있는 공동주택의 경우로서 다음을 모두 충족하는 주택(아파트의 경우)

> 가. 평가 대상 주택과 동일한 공동주택단지 내에 있을 것(동일한 아파트 단지)
> 나. 평가 대상 주택과 **주거 전용면적의 차이가 5% 이내**일 것
> 다. 평가 대상 주택과 공동주택 가격(기준시가)의 차이가 평가 대상 주택의 **공동주택 가격의 5% 이내**일 것

흔히들 아파트의 자산 가치를 보기 위해 포털사이트의 부동산 시가를 먼저 확인하는데, 이는 실거래가도 아니고 호가에 불과하며, 유사매매사례가액과도 큰 차이가 있다.

유사매매사례가액은 홈택스에서 확인이 가능하다. 아래에 조회 방법을 정리해 놓았다.

 유사매매사례가액 조회하기

국세청 홈택스 방문

(1) 홈택스→세금 신고→상속세→신고 도움 자료 조회→상속·증여재산 평가하기

(2) 공동주택→세목, 상속 개시 일자, 주소 입력 후 다음 화면

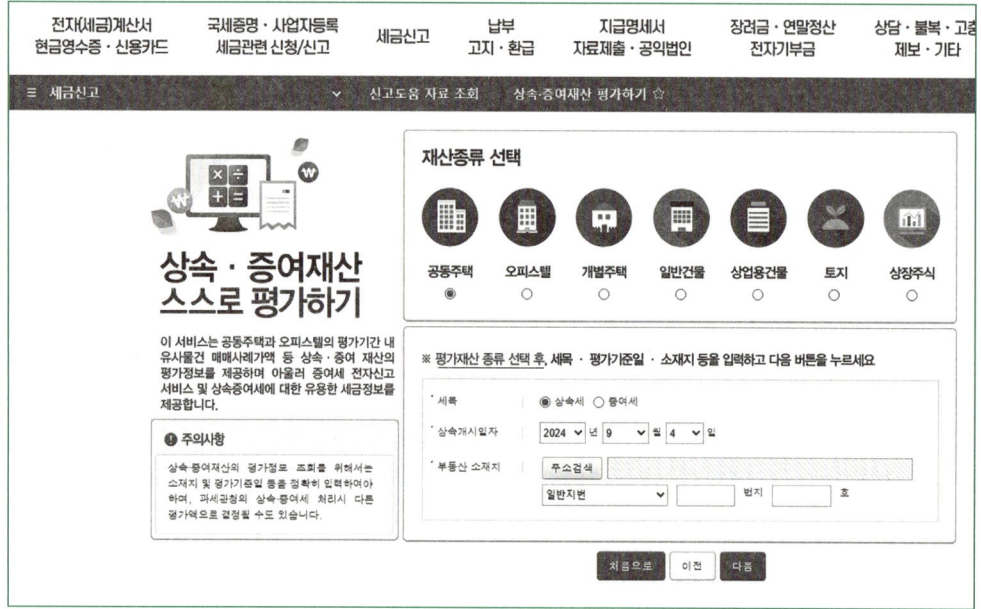

(3) (유사) 재산의 매매 등 가격 항목에 '예' 체크→유사매매사례가액 찾기

(4) 상세 주소 선택하여 조회

6개월 이내에 여러 건의 거래가 있었다면, 평가 대상 아파트와 기준시가가 가장 가까운 호수가 최상단에 조회되니, 순번대로 활용하면 된다.

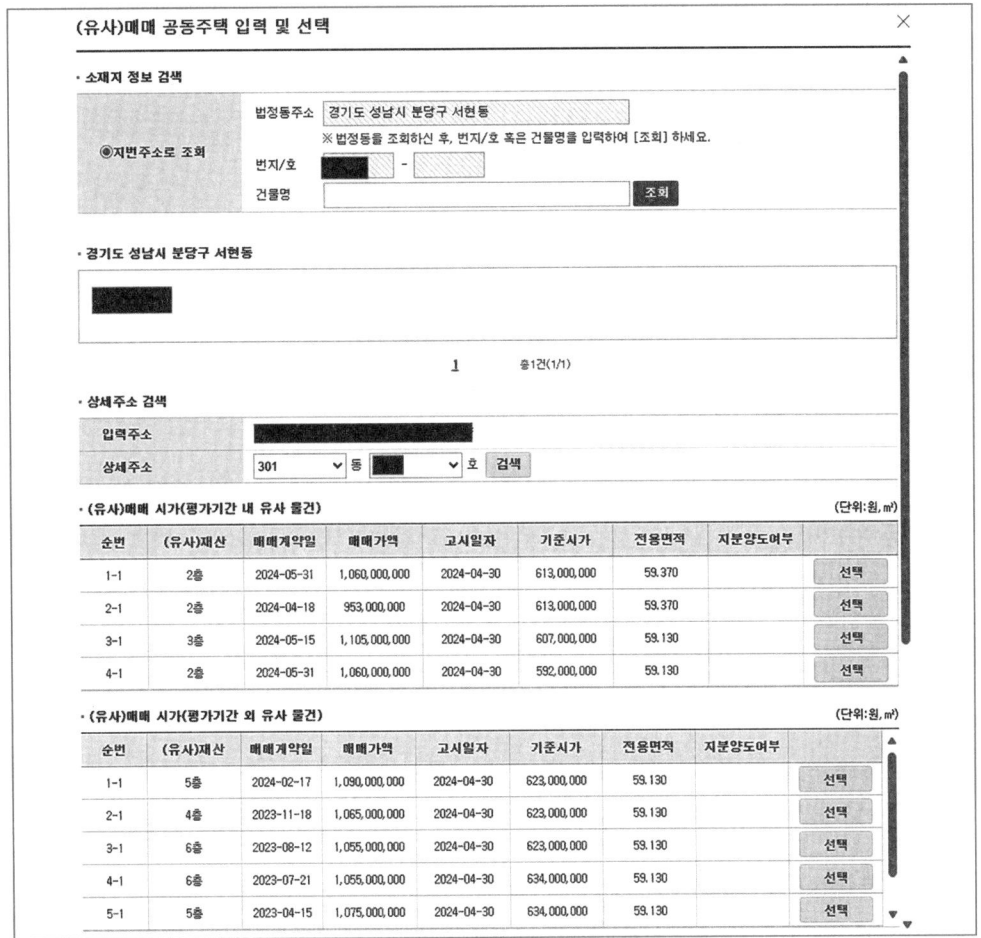

만일 유사매매사례가액이 6개월 이내에는 없지만 2년~6개월 사이에는 존재할 경우, 과세관청에서는 감정평가심의위원회의 심의를 거쳐 시가로 활용할 수 있다. 이는 매우 적극적으로 활용되는 대안이니 이런 경우라면 감정평가를 의뢰하는 게 좋다. 참고로 부동산거래가액은 거래일보다 한두 달 늦게 자료에 반영될 수 있다.

유사매매사례가액이 없다면 감정평가를 받는다

유사매매사례가액조차 없다면 상속받은 해당 아파트에 대해 감정평가를 의뢰할 수 있다. 감정평가를 받을지 여부는 일반적으로 상속인이 결정한다.

그렇다면 감정평가는 어떤 경우에 받는 게 좋을까? 먼저 유사매매사례가액이 존재하지만 너무 높게 형성된 경우이다. 특히 최근 거래가액이 하락 추세일 경우 유사매매사례가액은 상속인에게 불리할 수 있다. 2년에서 6개월 사이 유사매매사례가격을 참고하는 경우에도 마찬가지로 그 거래가액이 너무 높다고 판단될 경우 감정평가를 고려해볼 수 있다. 또한 양도 시 취득가액을 높이려는 목적에서 적극적으로 감정평가를 실시하는 경우도 있다.

감정평가를 받을 때는 기준시가 10억 원 이하인 경우에는 한 곳에서만 받아도 되지만, 10억 원을 초과하는 경우에는 두 곳 이상에서 평가를 받아야 한다.

관련 법령

감정평가 수수료 공제

상속세및증여세법 제25조
상속세를 신고·납부하기 위하여 상속재산을 감정기관이 평가함에 따라 수수료를 지급한 경우 해당 수수료를 납세 협력 비용으로 보아 이를 과세표준에서 공제할 수 있다.

상속세및증여세법 시행령 제20조의 3
① **부동산에 대한 감정평가업자의 평가 수수료**(5백만 원 한도)
② 비상장주식에 대한 신용평가 전문기관의 평가 수수료(평가 대상 법인의 수 및 평가를 의뢰한 전문기관 수 별로 각각 1천만 원 한도)
③ 서화·골동품 등 유형재산에 대한 전문기관 감정 수수료(5백만 원 한도)

상속세및증여세법 제49조 제1항
상속재산이나 증여재산은 평가 기준일(상속 개시일 또는 증여일) 현재의 시가에 따르는 것을 원칙으로 한다. 이 경우 시가에는 감정가액도 포함될 수 있는데, **두 곳 이상의 감정기관에서 평가한 감정가액의 평균액**을 시가로 본다. 다만 부동산 중 **기준시가 10억 원 이하의 부동산의 경우에는 하나의 감정기관이 평가한 감정가액**도 시가로 인정한다.

유사매매사례가액이 없다면 기준시가를 적용한다

감정평가도 받지 않는다면, 가장 저렴한 보충적 평가액을 적용할 수도 있다. 이 경우 아파트에 대해서도 소급 감정을 실시한다고 잘못 알려져 있다.

소급 감정은 기준시가보다 훨씬 높은 가액으로 평가되기 때문에 일반인들은 소급 감정 제도를 꺼린다. 그러나 일반적으로 국세청이 실시하는 소급 감정 제도는 꼬마빌딩 및 임야에 적용되며 아파트에 대해서는 적용하지 않는다. 뒤에서 따로 꼬마빌딩 소급 감정 제도에 대해 설명해놓았다.

또 다른 우려도 있을 수 있다. 신고 당시에는 유사매매사례가액이 없다가 신고한 뒤에 거래가 이루어져 사례가액이 나오는 경우다. 다행히도 법은 합리적이어서 유사매매사례가액을 적용할 때는 상속 개시일 및 증여일 전 6개월부터 실제 신고일까지의 사례가액만을 인정한다.

언젠가 지인에게 급한 연락을 받은 적이 있다. 부모님으로부터 받은 아파트에 대한 증여세 신고를 의뢰하는 전화였는데, 무언가에 쫓기듯 아파트 동, 호수와 증여자와 수증자의 인적사항부터 줄줄이 읊으며 급하다는 말만 반복했다.

알고 보니 해당 아파트는 지난 2년간 유사매매사례가액이 발생하지 않다가 부동산 붐을 타고 조금씩 매매가 일어나려는 움직임을 보이고 있었다. 아니나 다를까 증여세 신고를 마치고 딱 두 달 뒤에 매매사례가액이 발생했다. 그런데 그 차이가 무려 7억 원에 육박했다. 만약 증여세 신고가 두 달만 늦어졌어도 2억 5천만 원의 증여세를 더 낼 뻔했던 것이다.

하지만 모두가 위의 사례처럼 운이 좋지만은 않다. 내가 모르는 사이에도 부동산 매매계약은 이루어지고 있다. 부동산 거래 신고는 계약일로부터 30일 이내에 하므로, 일반인들이 거래 사실을 알기까지 시간적 격차가 생기기 마련이다. 고수들은 부동산 거래를 확인하기 위해 아파트 근처에 있는 중개사 사무실을 세 군데 이상 탐문한다고들 한다.

관련 법령

상속세및증여세법 제49조 제4항(유사매매사례가액 평가의 기준)

시가로 인정되는 것을 판단할 때 기획재정부령으로 정하는 유사매매사례가액에 대해서는 상속세 또는 증여세의 과세표준을 신고한 경우에는 **평가 기준일 전 6개월부터 평가 기간 이내의 '신고일'까지의 가액을 시가로 적용**한다.

- 평가 기준일은 상속 개시일 또는 증여일을 말한다.
- 평기 기간이란 상속세의 경우 평가 기준일 전 6개월, 후 6개월을 말하며, 증여세의 경우 평가 기준일 전 6개월, 후 3개월을 말한다.

감정평가를 적극적으로 받아야 하는 이유

많은 사람들이 감정평가를 받는 것을 꺼리는데, 세무사로 일하며 감정평가를 받지 않아 큰 손해를 본 경우는 많이 봤지만 그 반대의 경우는 거의 보지 못했다.

강남에 있는 40평대 아파트를 상속받은 지인이 있다. 기준시가 22억 원이었고, 1년 전 유사매매가액은 35억 원이었다. 지인은 감정평가를 받지 않고 기준시가 22억 원으로 신고하는 길을 택했다. 하지만 세무서에서는 이를 감정평가심의위원회에 회부했고, 그 결과 35억 원으로 결정되어 세금 6억 5천만 원을 추가로 고지했다.

만약 지인이 내 의견을 물었다면 나는 감정평가를 권했을 것이다. 그리고 처음부터 감정평가를 받았다면 추가 세액은 5억 원으로 1억 5천만 원을 아낄 수 있었다. 세무서에서는 2년 내에 유사매매사례가액이 있다면 거의 대부분 그 가액을 시가로 삼기 위해 감정평가심의위원회에 회부한다는 것을 알아둘 필요가 있다.

> **관련 법령**
>
> ## 평가심의위원회(상속세및증여세법 시행령 제49조의 2)
>
> 상속세 및 증여세와 관련하여 평가 기간(상속 개시일 전후 6개월, 증여의 경우 증여일 전 6개월, 후 3개월) 이내에 매매가액, 감정가액, 수용·공매가액, 유사매매사례가액 등이 없는 경우로서 **'평가 기준일 2년 전부터 법정 결정 기한* 까지' 매매가 있는 경우에는 주식발행회사의 경영 상태, 시간의 경과 및 주위 환경의 변화 등을 고려하여 가격 변동의 특별한 사정이 없다고 보아 평가심의위원회의 심의를 거쳐 시가로 인정된 가액**을 시가로 인정한다.
>
> * 법정 결정 기한이란 **상속세의 경우 상속세 신고 기한부터 9개월, 증여세의 경우 증여세 신고 기한부터 6개월**을 말한다.
>
> **(조심-2023-서-0411, 2023. 07. 10.)**
> 청구인이 증여받은 쟁점 주택의 시가를, 평가 기준일 2년 이내에 이루어진 유사매매사례가액으로 평가심의위원회의 심의를 거친 가액으로 하여 증여세를 부과한 처분의 당부(인용)

한편 꼬마빌딩 상속의 경우 국세청의 수급 감정 대상이 될 수 있으니 감정평가를 피할 수 없다면 더 적극적으로 받는 것이 좋다. 기준시가 50억 원의 꼬마빌딩을 상속받은 분이 있는데, 건물 상태에 대한 정밀 감정평가를 받을 경우 평가액이 70억 원에 이를 것으로 예상되는 상황에서도 감정평가를 받지 않고 기준시가로 신고한 사례가 있다. 이에 대해 국세청에서는 해당 빌딩을 80억 원으로 소급 감정하고 평가심의위원회 결정에 따라 추가로 15억 원을 고지했다. 만일 처음부터 정밀 감정을 의뢰했다면 70억 원 수준으로 평가를 받아 세금을 5억 원 정도 절감할 수 있었을 것이다.

관련 법령

꼬마빌딩 소급 감정 기준(상속세및증여세법 사무처리규정 제72조)

지방국세청장 또는 세무서장은 상속세 및 증여세가 부과되는 재산에 대해 둘 이상의 감정기관에 의뢰하여 평가할 수 있다. 이때, 다음 각 호의 사항을 고려하여 비주거용 부동산 감정평가 대상을 선정할 수 있다.

① 추정 시가와 상속세 및 증여세법상 보충적 평가액(기준시가)의 차이가 10억 원 이상인 경우
② 추정 시가와 보충적 평가액 차이의 비율이 10% 이상인 경우

※ 이때, 추정 시가는 5개 이상의 감정평가법인에 의뢰하여 최고값과 최소값을 제외한 가액의 평균값으로 산정한 가액을 말한다.

지금까지는 감정평가를 꺼리다가 손해를 본 사례들을 소개했지만 감정평가를 받아 혜택을 받은 경우도 물론 있다.

마포 소재 다가구주택을 가진 분이 돌아가셨다. 상속인들은 해당 주택 외 다른

상속재산이 없으니 상속세 신고를 하지 않으려고 했다. 기준시가로 신고할 경우 상속세가 나오지 않기 때문이었다.

하지만 나는 상속인 중 한 분을 설득해 감정평가를 받도록 했다. 상속인 중에 장애인이 계셔서 상속공제금액이 최대 12억 원이었고, 감정평가를 받더라도 건물의 가치가 12억 원은 넘지 않을 거라 예상했기 때문이었다. 역시나 감정평가액이 정확히 12억 원이 나와 상속세 신고를 완료했다.

기준시가인 7억 원으로 신고하나, 감정평가액인 12억 원으로 신고하나 어차피 상속세는 0원인데 굳이 감정평가를 받을 이유가 무엇이냐고 생각할 사람들도 있을 것이다. 문제는 양도세다.

실제로 2년 뒤에 해당 다가구주택이 주택신축판매업자에게 15억 원에 팔렸다. 이때 양도세를 1억 원 정도 납부했는데, 만약 상속세 신고 시 감정평가를 받지 않았다면 3억 3천만 원 정도를 양도세로 납부해야 했을 것이다. 약 1백만 원을 들여서 감정평가를 받아놓은 덕분에 세금 2억 2천만 원을 아낄 수 있었던 것이다.

"감정평가를 꼭 받아야 하나요?"

세무사로서 종종 듣는 질문인데, 결코 획일적으로 답할 수 없다. 꼬마빌딩을 상속받는 과정에서 소급 감정의 위험을 무릅쓰고 감정평가를 받지 않는 분이 있었는데, 다행히 소급 감정은 이루어지지 않았고, 신고 시 제출한 기준시가를 그대로 인정받아 무척 만족해한 경우도 있었다.

그러나 소급 감정 실시 여부를 가르는 정확한 기준이 있는 것이 아니므로, 감정평가 실시 여부를 판단할 때는 꼭 전문가의 조언을 듣기를 바란다.

염지훈 세무사가 알려주는 쉬운 세금 이야기

PART
10

상속세 납부 및 조사

절세 방법:
연대납세의무 규정 활용

상속세 관련 유튜브 영상을 찍으면 댓글 중 반 이상은 우리나라 상속세 및 증여세 제도를 비판하는 내용으로 도배된다.

> **bc** 상속세 증여세 진짜 문제임.
> 👍 389 👎 답글
>
> **mm** 증여세를 없애지 못한다 해도 현재 10년 주기 5천만 원까지 증여세 과세는 너무 빡빡하다. 물가 반영을 해야지.
> 👍 719 👎 답글
>
> **sj** 부모가 수십 년 일해서 돈을 벌어 내야 할 세금 다 내고 온전히 부모 돈인데 그걸 자식에게 줄 때 왜 또 세금을 내야 하나.
> 👍 699 👎 답글
>
> **JK** 상속세 증여세 손 좀 봐야 함.
> 👍 74 👎 답글

우리나라는 홈택스 시스템이 워낙 잘 갖추어져 있어 각종 신고는 정말 편한 편이다. 그런데 그렇게 신고를 하고 세금을 내야 하는 순간이 오면 아까운 마음이 드는 것은 어쩔 수 없다. 그러나 어차피 내야 할 세금, 상속인 입장에서는 아깝다는 생각에 사로잡히는 것보다는 절세에 집중하는 것이 더 좋다.

세금을 납부할 때 한 가지 절세 방법을 일러주자면 가급적 남은 배우자가 자신이 상속받은 재산 한도 내에서 연대납세의무 규정을 이용해 자녀들 대신 세금을 내주는 방식으로 상속세를 최대한 많이 납부하는 것이 좋다는 것이다. 이렇게 하면 남은 배우자가 사망했을 경우 자식들이 부담할 상속세를 줄일 수 있다.

상속으로 인한 취득세 납부와 관련하여 상속인 간 공동 취득하는 경우가 대부분이다. 예를 들어 어머니가 10퍼센트, 아들이 90퍼센트 지분을 취득할 경우, 이때 발생하는 취득세를 상속인 중 한 명인 어머니가 모두 납부한다고 해도 상속인 간 증여세 문제가 발생하지 않는다. 이는 공동상속인 간 취득세 연대납세의무가 발생하기 때문인데, 이렇듯 연대납세의무 규정을 잘 활용하면 미래의 증여세를 효과적으로 절세할 수 있다.

관련 법령

상속세 연대납세의무(상속세및증여세법 제3조의 2)

상속인 또는 수유자는 상속 재산 중 각자가 받았거나 받을 재산을 기준으로 일정 비율에 따라 계산한 금액을 상속세로 납부할 의무가 있다.

상속세는 상속인 또는 수유자가 **각자가 받았거나 받을 재산을 한도로 연대하여 납부**할 의무를 진다.

상속세가 이렇게 많이 나온다고요?

"상속세가 이렇게 많이 나와요?"

보통 상속세 신고 기한 한두 달 전쯤 상속인이 부담할 예상세액을 말해준다. 그러면 대부분은 세금이 너무 많고, 납부할 능력이 없다고 한숨부터 쉰다. 대출을 받거나 부동산을 팔아야 한다고 자포자기 식의 반응을 보이는 경우도 있다. 이 경우 세금을 할부로 내는 제도가 있으니 활용해보자. 바로 연부연납제도이다.

관련 법령

상속세 연부연납제도 요건(상속세및증여세법 제71조)

- 납부세액이 2천만 원을 초과하는 경우
- 신고 납부 기한 내 신청

- 담보를 제공해야 한다

상속세 연부연납제도를 활용하면 상속세를 최대 10년 동안 11회에 걸쳐 나눠서 낼 수 있다. 증여세의 경우에는 5년 동안 6회에 걸쳐 낼 수 있다. 단, 각 회차별 분납할 세액이 1천만 원을 초과해야 한다. 물론 공짜는 아니다. 이자율 연 3.5퍼센트를 감수해야 한다. 또한 연부연납 기간 중 정해진 세액을 내지 않으면 연부연납이 취소되고 일시에 고지될 수 있으니 유의해야 한다.

연부연납 외에도 현금이 아닌 부동산 등의 자산으로 상속세를 대납할 수 있는 방법이 있다. 바로 물납제도이다. 만일 물납을 신청할 예정이라면 미리 세무사와 상의해서 부동산 평가를 통해 어떤 부동산을 물납할 것인지부터 상의를 하는 것이 좋다.

관련 법령

상속세 물납제도의 요건(상속세및증여세법 제73조)

- 상속재산 중 부동산과 유가증권이 2분의 1을 초과하는 경우
- 납부세액이 2천만 원을 초과하는 경우
- 납부세액이 상속재산 중 금융재산을 초과하는 경우
- 신고 납부 기한 내 신청

생명보험 가입의 기술: 세금이 0원

개업한 이후로 내가 가장 많이 보는 업무는 상속세 관련 업무다. 일을 하다가 아무런 준비 없이 돌아가시는 분들의 사연을 워낙 자주 접하다 보니 나도 모르게 "내가 죽으면 어떻게 하나?" 하는 생각을 종종 하곤 한다. 그러다가 자연스레 생명보험에 관심을 가지게 되었다. 최근에 남편 사망 후 생명보험으로 11억 원을 수령한 분을 상담한 적이 있다. 그분에게 보험금액도 간주 상속재산에 해당한다고 말했더니, 보험 계약자도 본인이고 보험료도 본인이 냈다고 답한다. 이 경우 상속재산가액은 0원이다.

이분의 사례에 자극을 받아서인지 아내에게 결혼 20주년 선물로 10억 원짜리 생명보험을 들어주기로 약속했다. 그런데 한 달에 2백만 원이라는 보험료가 솔직히 부담되어 지금까지도 망설이고 있다. 멋있는 남편이기는 쉽지 않은 것 같다.

하지만 조만간 꼭 보험에 가입할 것이다. 결혼 20주년을 맞아, 그에 어울리는 선물로 이만한 것이 없는 것 같다. 참고로 보험 계약자와 보험료 납입자가 아내여야 상속세를 줄일 수 있다.

상속세 조사도 받아야 해요?

"세무서에서 상속세 관련 통지서가 날라왔어요."
"혹시 조사 시기 선택제 공문 아닌가요?"
"예, 맞아요. 그런데 지난번에 세금을 다 냈으니 끝난 거 아니었나요?"

상속세 신고를 하면 6개월을 넘긴 어느 시점에 세무서나 지방청으로부터 조사 시기 선택제 공문을 받을 수 있다. 말 그대로 상속인으로 하여금 조사 시기를 선택하라는 공문이다. 조사 시기를 선택하면 가급적 앞뒤로 가까운 시기에 조사를 받는데, 해당 세무서에 상속세 조사 건수가 많다면 뒤로 밀릴 수도 있다.

만약 1년이 지나도 조사 시기 선택제 공문이 날라오지 않고, 상속재산가액이 15억 원 이하인 수준이라면 조사 없이 끝나는 경우도 있다.

"상속세 조사 선정 기준이 있겠죠?"

기대감 가득한 눈빛으로 이런 질문을 하는 상속인들이 있다. 그럴 때마다 나는

"어느 정도 금액은 조사를 받고 어느 정도는 안 받는지 딱 잘라서 말할 수는 없습니다"라고 답한다. 조사 선정 기준을 가진 세무서 직원에게 물어봐도 대답은 마찬가지일 것이다.

내 경험상 상속재산이 20억 원인 분이 조사 없이 끝나는 경우도 있었고, 5억 원도 안 되는 분이 조사를 받는 경우도 있었다. 그 이유는 여러 가지이다.

과거 몇 년 전 부동산을 매각했거나, 이자 배당 자료를 통해 금융재산이 급격히 감소한 흔적이 확인되는 경우에는 5억 원이 채 안 되어도 조사 대상으로 선정될 수 있다. 반면 재산이 20억 원이어도 1세대 1주택에 예금 이자 변동도 거의 없는 분이라면 선정되지 않을 가능성이 있다. 이처럼 피상속인의 상황이 모두 다르므로 획일적 기준을 적용할 수 없는 것이다.

그렇다고 조사 대상이 마구잡이로 선정된다는 뜻은 아니다. 세무서에서는 법령이나 공표된 훈령, 그도 아니면 공표되지 않은 내부 지침에 따라 모든 일을 처리한다. 세무공무원들은 이처럼 엄정한 기준에 따라 조사 대상을 골라낸다.

피상속인 월세 수입 신고 누락

최근 상속세 조사를 받는 지인을 만났는데 얼굴이 좋지 않았다.

"은행에서 금융 정보 제공을 했다는 우편이 계속 날라와요."

자신의 계좌가 모조리 조회되고 있다는 것 자체가 스트레스라며 이 나라를 떠나고 싶다는 말까지 나왔다. 피상속인과 상속인의 계좌는 상속세 조사가 시작되는 시점부터 과거 10년간의 거래 내역이 모조리 조회 대상이 되니 지인이 힘들어하는 것도 당연하다.

상속세 조사를 받을 경우 상속인의 계좌 역시 조사 대상이 된다는 사실을 알고, 주변의 세무사 사무실이라는 사무실은 모조리 돌아다니며 불안감을 호소하던 한 상속인이 있었다. 대체 그분의 계좌엔 얼마나 큰 비밀이 숨겨져 있는지 궁금해했던 기억이 난다.

상속세 조사가 시작되면 첫 번째로 피상속인의 계좌에서 상속인의 계좌로 예금 등이 인출되었는지 여부를 확인한다. 하지만 만약 이 과정에서 세무서 직원이 우연히 피상속인과 무관한 별도의 조세 탈루 혐의를 발견한다면 어떨까? 일종의 정보 자료를 내는 데 활용하거나, 그 즉시 추가 조사 대상으로 선정할 수도 있다.

피상속인의 계좌 조회를 통해서도 판도라의 상자가 열릴 수 있다. 오랜 기간 임대소득 신고를 누락해온 피상속인의 사례가 떠오른다. 고인은 상가를 10년간 임대하면서 이중계약서를 작성했다. 그 시절 흔히 있는 일이었지만 십수 년간 용케 걸리지 않은 것이 신기했다.

그런데 고인이 사망을 하면서 계좌가 공개되었다. 그 결과 실제 입금금액과 부가세 신고 금액을 비교하여 부족분에 대해서는 부가세 및 소득세가 부과되었다. 이중계약서의 경우 최대 10년까지 과세가 가능하고 무신고의 경우 7년까지 한꺼번에 과세가 되는지라 납부지연 가산세가 엄청나게 불어날 수밖에 없었.

이중계약으로 매월 누락된 금액이 3백만 원이었고, 결과적으로 소득세만 5천만 원이 추가 과세되었다. 이 부담을 떠안은 것은 상속인이었다. 참고로, 상속인이 부담한 피상속인의 세금은 공과금이라는 명목으로 상속인의 상속재산가액에서 차감된다.

완전 범죄가 될 뻔한 사전증여를 찾아내다

상속세 조사가 시작됐다. 모든 은행의 예금거래명세서가 취합되어 피상속인과 상속인의 10년간의 입출금 내역이 엑셀파일로 정리된다. 세무서 재산조사 반장 및 반원 모두의 신경이 날카로워지는 순간이다. 시간순으로 또는 고액순으로 정렬하며 피상속인의 예금이 어떻게 빠져나갔는지를 확인한다.

"반장님 9년 전에 피상속인의 계좌에서 3억 원이 김전세라는 사람에게 송금됐습니다."

"피상속인과의 관계가 뭐야?"

"아무 관계도 아닌 거 같아요. 주민등록번호로도, 가족관계로도 전혀 관련성을 찾을 수 없습니다."

상대방은 상속인도 아니고, 친척관계도 아니었다. 심지어 세무대리인에게 소명 요청을 했음에도 '알 수 없음'이라는 답변만 돌아왔다. 상대가 상속인이 아니니 그냥 넘어갈까 싶었는데, 바로 그때 둘째 아들의 주민등록초본상에 9년 전 주소 전입 일자와 해당 송금 일자가 비슷한 것을 발견했다.

"반장님 둘째 아들 초본상의 주소지 등기부등본을 발급해보니 입금자가 아들의 집주인이네요."

그제서야 퍼즐이 맞춰졌다. 피상속인은 9년 전 둘째 아들의 집주인에게 직접 3억 원을 송금했고, 둘째 아들은 이후로 그 자금을 원천으로 집을 구매하기까지 했다. 완전 범죄처럼 숨겨질 수 있었던 일이 상속세 조사 과정에서 통장에 찍힌 숫자 하나로 드러나게 된 것이다.

둘째 아들은 그로 인하여 4천만 원에 달하는 증여세 본세를 추징당했는데, 가산세가 거의 본세만큼 과세되었다. 일명 배보다 배꼽이 더 큰 케이스이다.

피상속인의 개인 채권 적발

피상속인의 개인 채권이 적발된 사례도 있다. 지인의 가족이 돌아가셨는데, 그분의 통장을 확인하니 사망하기 5년 전에 3억 원이 출금되었다는 것을 세무서에서 발견했다. 출금된 계좌는 상속인과 관련이 없어 보였고, 상속인들 역시 전혀 모르는 일이라고 했다.

조사반은 실체를 확인하기 위해 은행을 통해 입금 상대방의 인적 사항을 알아내었다. 그리고 그렇게 밝혀진 상대방의 부동산 등기에 피상속인이 저당권을 설정해놓은 것까지 밝혀냈다. 피상속인이 상대에게 돈을 빌려준 것이었다.

이렇게 피상속인의 채권이 누락되었다는 사실이 조사를 통해 밝혀졌다. 그리고 이 누락분은 곧바로 상속재산에 가산되어 상속세가 약 1억 원 추가 고지되었다. 부디 상속인들이 그 채권을 돌려받았기를 바란다.

상속재산가액 누락 ①: 매출 채권

상속이 발생하면 안심상속 원스톱서비스를 통해 피상속인의 재산을 조회할 수 있으니 상속세를 신고하는 데 큰 문제가 생길 일은 별로 없다. 그러나 이를 통해서도 제대로 확인하기 어려운 부분이 있는데, 그게 바로 금융기관 외 채권, 채무이다.

개인사업자였던 고인의 매출 채권 신고 누락 사례가 떠오른다. 고인이 사망하기 전에 개인사업체를 운영했는데, 장부상 회수할 수 있는 매출 채권이 3억 원 있었다. 그런데 이것을 상속재산 신고 시 놓친 것이다. 결국 누락분에 대해 40퍼센트 세율이 적용되어 상속인들은 1억 4천만 원 정도의 세금을 추가로 내게 되었다.

반대로 매입 채무의 경우도 있다. 매입 채무가 실제로 갚아야 할 채무라면 상속재산가액을 낮추는 데 활용할 수 있다. 그러니 원스톱서비스를 통해 확인하기 어려울지라도 고인의 사적인 채권, 채무 내용까지 꼼꼼하게 확인하는 게 좋다.

상속재산가액 누락 ②: 보증금 채권

우유 보급소를 개인사업체로 운영하시던 분이 사망을 했다. 보급소의 임차보증금, 매출 채권 등은 장부에 제대로 기록되어 있었기에 상속인도 이를 신고하는 데는 문제가 없었다. 다만 장부에 기록되지 않은 것이 하나 있었는데, 보급소의 최초 보증금 5천만 원이었다. 세무조사 과정에서 보급소에 보증금이 없는 것이 수상하다고 생각한 반장이 확인을 했고, 그 결과 2천만 원 정도의 세금을 추가로 내야 했다. 보증금 역시 언젠가 돌려받을 수 있는 돈이니 상속재산가액에 포함되는 것이 맞다.

법인에 대한 대여금 신고 누락: 법인 가수금

피상속인이 자신이 대표인 법인에 돈을 빌려준 경우, 상속세 신고 시 해당 채권을 꼭 확인해야 한다. 세무서는 법인 장부만 살펴봐도 대표가 채권자라는 것을 쉽게 알 수 있다. 법인 장부에 '대표자 가수금'이라고 적혀 있다면 그건 대표자의 채권이므로 상속재산에 포함해 신고해야 한다. 물론 상속세는 내고, 법인 대여금은 즉시 회수해서 상속세 납부 재원으로 쓸 수 있다.

가 장 완 벽 한 세 금 절 세 의 기 술

3부

양도 소득세

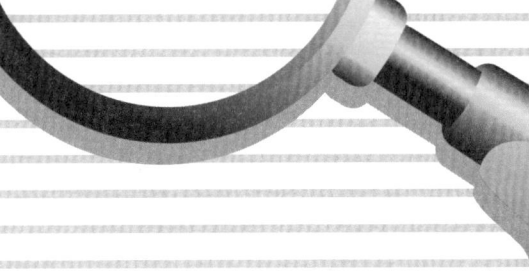

양도소득세 세액 계산 흐름도

양도가액	· 실지거래가액
(−) 취득가액	· 실지거래가액 · 실지거래가액을 확인할 수 없는 경우 매매사례가액 / 감정가액 / 환산취득가액 적용 가능
(−) 필요경비	· 실지거래가액인 경우: 자본적 지출액과 양도 시 발생하는 기타 경비 · 매매사례가액·감정가액·환산취득가액인 경우: 취득 시 기준 시가의 3%
(=) 양도차익	· 양도가액 − 취득가액 − 필요경비
(−) 장기보유특별공제	· 보유 기간이 3년 이상인 토지·건물·조합원 입주권 등에 적용
(=) 양도소득금액	· 양도차익 − 장기보유특별공제
(−) 기본공제	· 국내 부동산·국외 부동산·주식 등 별로 구분하여 각 250만 원 공제
(=) 과세표준	· 양도소득금액 − 기본공제
(×) 세율	· 부동산 등 6~45% 기본세율(비사업용토지는 16~55%로 10% 중과) · 주식 10%, 20%, 25%, 30% / 파생상품은 20%(탄력세율 10%) · 미등기양도자산 70%
(=) 산출세액	· 과세표준 × 세율
(−) 세액공제, 세액감면	· 세액감면, 외국납부세액공제 등
(+) 가산세	
(=) 자진 납부할 세액	· 산출세액 − 세액공제, 세액감면 + 가산세

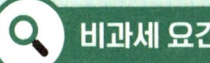 **비과세 요건**

1. 1세대 1주택 비과세 요건(소득세법 제89조 제1항 제3호, 소득세법 시행령 제154조 제1항)

① 거주자가 구성하는 1세대가 ② 양도일 현재 국내에 1주택을 보유하고, ③ 2년 이상 보유하고 ④ 취득 당시 조정대상지역이라면 2년 이상 거주한 경우

※ 1세대 1주택 비과세 거주 요건 판정 흐름도

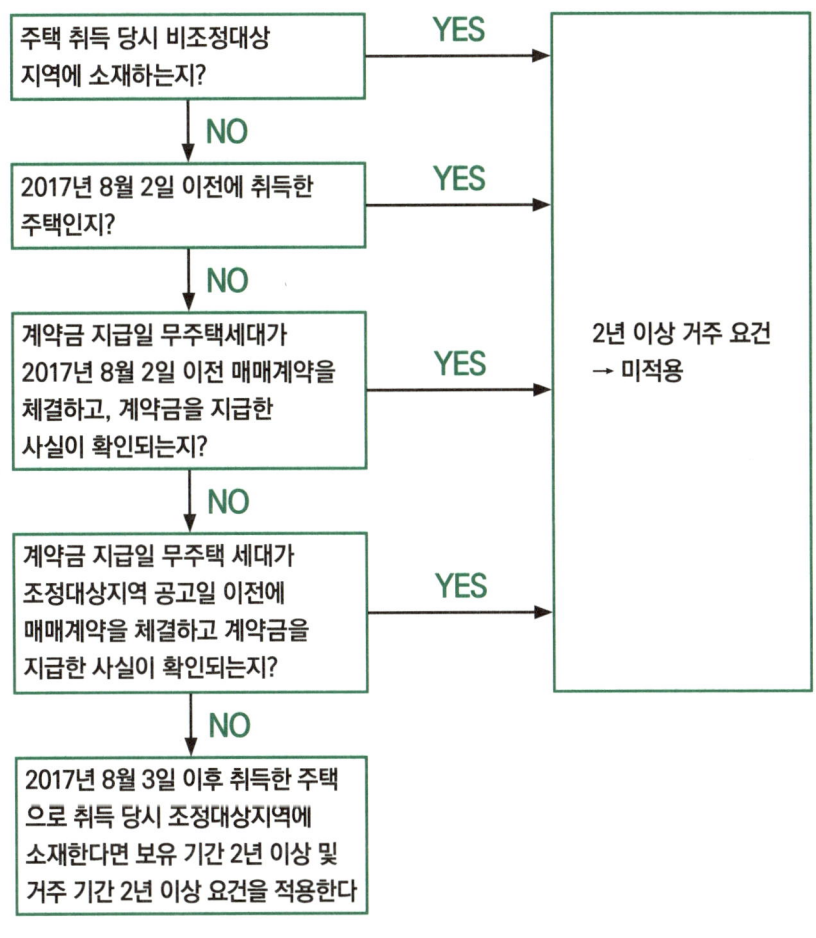

2. 일시적 2주택 비과세 요건(소득세법 시행령 제155조 제1항)

① 국내에 1주택을 소유한 1세대가 그 주택('종전의 주택')을 양도하기 전에 다른 주택('신규 주택')을 취득함으로써 일시적으로 2주택이 된 경우로,

② 종전의 주택을 취득한 날부터 1년 이상이 지난 후 '신규 주택'을 취득하고

③ 신규 주택을 취득한 날부터 3년 이내에 '종전의 주택'을 양도하는 경우에는 이를 1세대 1주택으로 보아 비과세 규정을 적용한다.

3. 장기보유특별공제율(소득세법 제95조 제2항)

구분	장기보유특별공제 적용	
적용 대상	일반적인 경우 (표1)	과세되는 1세대 1주택 (표2)
요건	3년 이상 보유	3년 이상 보유 · 2년 이상 거주
장기보유특별공제율	2%	보유 연수 × 4% + 거주 연수 × 4%
공제 한도	최대 30% (보유 기간 15년 × 2%)	최대 80% (보유 10년 × 4% + 거주 10년 × 4%)

염지훈 세무사가 알려주는 쉬운 세금 이야기

PART
11

양도소득세 비과세

제가 양도소득세 비과세 대상이 아니라고요?

"안녕하세요? 강남세무서 염지훈 팀장입니다."

"네, 그런데 무슨 일이시죠?"

세무서에서 일하던 시절, 전화를 걸어야 할 일이 있을 때면 나는 평소보다 더 친절해지는 습관이 있었다. 세무서에서 전화가 왔다는 사실만으로도 기분 나빠하거나 불안해하는 사람들이 대부분이기 때문이다. 역시 이번에도 반대편에서 살짝 신경질적인 기운이 느껴졌다.

"양도소득세 비과세 신고를 하셨는데요, 죄송하지만 1세대 1주택이 아닌 것 같습니다. 추가 자료를 부탁드립니다."

"제가 비과세가 아니라고요?"

상대는 말도 안 된다는 듯한 반응이다. 이미 자신은 1세대 1주택자이며, 따라서 세금은 0원이라고 머릿속에 박혀 있는 경우다. 이분의 경우처럼 자세히 확인해보지도 않고, 스스로 비과세 대상자라고 생각하고 양도소득세 신고조차 하지 않는 경우가 생각보다 많다.

　세무서를 나와 세무법인 대표가 되어 자칭 양도·상속·증여 전문가로 고객들을 상대하면서 느끼는 건, 자신을 비과세 대상자라 한번 생각해버리면 그 사실을 추호도 의심하지 않다가 결국 실수를 저지른다는 것이다. 이런 실수를 막기 위해서는 부동산을 팔고 나서가 아니라 팔기 전에, 특히 계약을 체결하기 전에 비과세 여부부터 먼저 확인하는 것이 좋다.

　1세대 1주택 비과세 요건은 ① 거주자가 구성하는 1세대가 ② 양도일 현재 국내에 1주택을 보유하고 ③ 해당 주택을 2년 이상 보유해야 하며 ④ 취득 당시 조정대상지역이라면 2년 이상 거주까지 해야 한다. 앞으로 이 1세대 1주택 요건을 두고 치열하게 벌어지는 다툼을 각종 사례를 통해 살펴볼 것이다.

　참고로, 본인이 비과세가 맞다고 판단해도 양도소득세 신고를 누락하지 말고, 일단 비과세로라도 신고하는 것을 권한다. 그러면 나중에 1세대 1주택이 아니라는 것이 드러날 경우에도 무신고 가산세 20퍼센트가 아닌 과소신고 가산세 10퍼센트를 적용받을 수 있는 이점이 있다.

☑ <국세청 아는형>에게 물어보세요

Q. 분양 시에는 조정지역이 아니었는데 입주 시점 당시 조정지역이 되었을 경우에도 거주 2년을 해야 하는 건가요?

A. 조정대상지역 지정 전에 전 세대원 포함 무주택인 상태에서 계약을 체결하고, 조정대상으로 지정된 후에 잔금을 치른 경우 거주 요건을 적용하지 않습니다. 즉, 2년 이상 보유한 후 양도하면 됩니다.

Q. 현재 2주택을 보유하고 있습니다. 1세대 1주택 2년 이상 보유 요건을 충족하여 비과세 혜택을 받으려면 주택 한 채를 처분한 뒤로부터 남은 한 채를 2년 이상 보유하고 처분해야 하는 건가요? 아니면 만약 두 채를 2년 이상 보유하던 중이라면 한 채를 처분하고 남은 한 채는 바로 처분해도 비과세 적용을 받을 수 있나요?

A. 과거에는 2년 이상 보유하다가 팔아야 했는데(최종 1주택 규정) 지금은 바로 다음 날 판다고 해도 (2년 이상 추가 보유하지 않아도) 비과세 요건만 갖춘다면 비과세 적용이 가능합니다.

저 거주자 맞는데요?

"저 1세대 1주택 비과세 맞아요."

약간 어눌한, 외국에서 오래 살다 온 듯한 분이 세무서 상담실 입구에서 목소리를 높이고 있다.

"나 대한민국 국민 맞아. 그리고 ○○동에 주민등록상 주소를 둔 지도 오래야. 집도 한 채고 보유도 10년이 넘었는데 왜 비과세가 아니야?"

잔뜩 성이 난 민원인은 마지막에 과장님까지 호출하며 한참 소동을 벌이다 갔다.

1세대의 요건을 살펴보면 일단 거주자여야 한다. 여기서 세법상 거주자는 국내에 주소를 두거나 183일 이상 거소를 둔 개인을 가리키며, 비거주자는 거주자가 아닌 자를 말한다. 그렇다면 위 사례에서처럼 외국에서 살다 온 사람이 국내에 들어와서 국내에 주소를 두었다며 본인이 거주자임을 주장하는 경우는 어떨까?

국내에 귀국하여 직업을 갖고, 온 가족이 국내에 있다면 거주자로 인정받을 수 있을 것이다. 그러나 만약 비거주자가 국내로 입국하여 직업도 없이 183일만 지난 경우라고 할 때 다른 비과세 요건(2년 이상 보유 및 거주 등)을 충족하였다고 하더라도 바로 거주자로 인정받을 수 있을까?

이에 대해서는 갑론을박이 있어 국세청 출신이자 국제조세 분야에서 가장 유명한 세무사 두 분께 의견을 구했다. 한 분은 '통상 183일이 경과하면 거주자로 볼 수 있다'고 답변을 주었고, 다른 한 분은 그렇다 하더라도 귀국의 배경 및 나머지 가족, 직업 등을 함께 고려해서 종합 판단할 사항이라고 지적했다.

이때 간과하지 말아야 할 것은, 2년 이상의 보유 기간은 세법상 거주자로서 보유한 기간이 2년 이상이어야 한다는 뜻이다. 즉, 집을 사자마자 외국으로 떠났다면 거주자로서 보유 기간 2년을 채운 후에 양도해야 비과세를 적용받을 수 있다.

만약 본인이 외국 영주권자이고 오랜만에 귀국을 한 상태에서 거주자로 비과세를 받으려 한다면 2년 보유를 간과하지 말고, 모든 조건을 갖추어서 양도하길 바란다.

본격적인 논의를 시작하기에 앞서 이 책에서 비과세 양도와 관련해 확실한 답을 구하려는 분이 있다면 실망할 수도 있다는 말을 덧붙인다. 세법상 거주자 판단은 끝도 없는 논쟁의 시작일 뿐이고, 책에서 비과세 양도 요건의 모든 사례를 다 소개하는 것은 불가능하기 때문이다.

관련 법령

거주자와 비거주자의 구분

소득세법은 ① 국내에 주소*를 두거나 ② 183일 이상 거소**를 둔 개인을 거주자로 보며 그 외의 자는 비거주자로 판단한다.

* 주소란 생활의 근거가 되는 장소로서 국내에 생계를 같이하는 가족, 국내에 소재하

는 자산의 유무 등 생활관계의 객관적 사실에 따라 판단한다.
** 거소는 상당 기간 계속하여 거주하는 장소로서 주소와 같이 밀접한 일반적 생활관계가 없는 장소를 말한다.

양도소득세에 대해서도 납세 의무자(양도자)가 거주자인지 비거주자인지에 따라 각종 비과세 등 적용이 달라질 수 있어 그 판단이 중요하다.

일반적으로 거주자인지 비거주자인지의 판단은 **그 생활관계의 객관적 사실에 따라 종합적으로 판단**하고 있다.

소득세법 제88조 【정의】

6. '세대'란 **거주자** 및 그 배우자(법률상 이혼을 하였으나 생계를 같이하는 등 사실상 이혼한 것으로 보기 어려운 관계에 있는 사람을 포함한다)가 그들과 같은 주소 또는 거소에서 생계를 같이하는 자[거주자 및 그 배우자의 직계존비속(그 배우자를 포함한다) 및 형제자매를 말하며, 취학, 질병의 요양, 근무상 또는 사업상의 형편으로 본래의 주소 또는 거소에서 일시 퇴거한 사람을 포함한다]와 함께 구성하는 가족 단위를 말한다. 다만, 대통령령으로 정하는 경우에는 배우자가 없어도 1세대로 본다.

소득세법 제1조의 2 【정의】

① 이 법에서 사용하는 용어의 뜻은 다음과 같다.

1. **'거주자'란 국내에 주소를 두거나 183일 이상의 거소를 둔 개인**을 말한다.
2. '비거주자'란 거주자가 아닌 개인을 말한다.

소득세법 시행령 제2조 【주소와 거소의 판정】

① 소득세법(이하 '법'이라 한다) 제1조의 2에 따른 **주소는 국내에서 생계를 같이하는 가족 및 국내에 소재하는 자산의 유무 등 생활관계의 객관적 사실**

에 따라 판정한다.

② 법 제1조의 2에 따른 거소는 주소지 외의 장소 중 상당 기간에 걸쳐 거주하는 장소로서 주소와 같이 밀접한 일반적 생활관계가 형성되지 아니한 장소로 한다.

③ 국내에 거주하는 개인이 다음 각 호의 어느 하나에 해당하는 경우에는 국내에 주소를 가진 것으로 본다.

1. 계속하여 183일 이상 국내에 거주할 것을 통상 필요로 하는 **직업**을 가진 때
2. 국내에 생계를 같이하는 **가족**이 있고, 그 **직업 및 자산 상태**에 비추어 계속하여 183일 이상 국내에 거주할 것으로 인정되는 때

소득세법 시행령 제4조 [거주 기간의 계산]

① 국내에 거소를 둔 기간은 입국하는 날의 다음 날부터 출국하는 날까지로 한다.

② 국내에 거소를 두고 있던 개인이 출국 후 다시 입국한 경우에 생계를 같이하는 가족의 거주지나 자산 소재지 등에 비추어 그 출국 목적이 관광, 질병의 치료 등으로서 명백하게 일시적인 것으로 인정되는 때에는 그 출국한 기간도 국내에 거소를 둔 기간으로 본다.

③ 국내에 거소를 둔 기간이 **과세 기간 동안 183일 이상인 경우에는 국내에 183일 이상 거소를 둔 것으로 본다.**

④ **재외동포**가 입국한 경우 생계를 같이하는 가족의 거주지나 자산 소재지 등에 비추어 그 입국 목적이 관광, 질병의 치료 등 그 **입국한 기간이 명백하게 일시적인 것으로 인정되는 때에는 해당 기간은 국내에 거소를 둔 기간으로 보지** 아니한다.

거주자가 되면?

어느날 중국 연변 출신으로 국내에 거주 중인 한 여자분에게서 전화가 왔다.

"제가 홍콩에 아파트가 한 채 있는데요."

이분은 세법상 거주자로, 국내외의 부동산 양도에 대해서 납세 의무가 있다. 또한 세법상 거주자는 국내 부동산에 한해 비과세 혜택을 받으며 해외 부동산에 대해서는 비과세 혜택을 받을 수 없다.

아파트 가격을 물어보니 10억 원 상당이며 양도세는 2억 원쯤으로 예상된다고 한다. 이분은 국세청이 본인의 해외 부동산 소유 사실을 알 수 있는지 궁금해했다. 즉, 신고를 하지 않을 경우에도 국제청에서 세금을 고지할 가능성이 있으냐 하는 것이었다. 한마디로 답하기 힘들었다.

국내에서 어떤 흔적이 발견된다면 국세청에서 알 수도 있다. 국가 간 정보교환을 통해서도 정보를 취득할 수 있다. 내가 그분에게 건넬 수 있는 조언은, 거주자는 국외에서 벌어들인 양도소득에 대해서도 신고할 의무가 있다는 것을 재차 확인시켜주는 것뿐이었다.

거주자 및 비거주자의 납세 의무

거주자는 **국내외 원천소득에 대하여 납세 의무**가 있고, 비거주자는 국내의 원천소득에 대하여만 납세 의무가 있다.

소득세법 제2조 [납세 의무]
① 다음 각 호의 어느 하나에 해당하는 개인은 소득세법에 따라 납세 의무를 진다.
   1. 거주자
   2. 비거주자로서 국내 원천소득이 있는 개인

거주자의 해외부동산 취득, 보유, 처분 관련 세금

취득 단계
① 해외 부동산 취득 시(물건별 취득가액 2억 원 이상인 경우) **다음 연도 6월 말까지 '해외 부동산 취득·보유·투자 운용(임대) 및 처분 명세서'와 '해외 영업소 설치 현황표'를 제출**해야 한다.
② 만약 타인(부모 등 친족 포함)으로부터 자금을 증여받아 해외 부동산을 취득하는 경우에는 증여세 납세 의무가 발생할 수 있다.

보유 단계

① 해외 부동산 임대소득이 발생하는 경우 **종합소득세 신고 납부** 의무가 있다.
② 임대 소득이 발생한 경우(해외 부동산 물건별 취득가액 2억 원 이상인 경우) 다음 연도 6월 말까지 '**해외 부동산 취득·보유·투자 운용(임대) 및 처분 명세서**'와 '**해외 영업소 설치 현황표**'를 제출해야 한다.

처분 단계

① 소득세법에 따라 양도소득세를 신고 납부해야 한다.
② 현지 국가에 납부한 해외 부동산 양도소득 관련 외국납부세액은 세액공제를 받거나 필요경비에 산입된다.
③ 해외 부동산 처분 시(해외 부동산 물건별 양도가액 2억 원 이상인 경우) 다음 연도 6월 말까지 '**해외 부동산 취득·보유·투자 운용(임대) 및 처분 명세서**'와 '**해외 영업소 설치 현황표**'를 제출해야 한다.

1세대의 개념을 모르면 세금 폭탄을 맞는다

기본적으로 양도소득세는 1세대가 1주택을 2년 이상 보유하고, 취득 당시 조정대상지역인 경우 2년 이상 거주하면 12억 원까지의 주택에 대해서는 전액 비과세를 적용받는다. 그렇다면 12억 원이 넘으면 12억 원 전액에 대해 과세가 이루어질까? 그렇지 않다.

사례 양도가액 14억 원, 취득가액 10억 원인 경우
- **양도차익** 4억 원
- **과세 대상 양도차익** 4억 원 × (14억 원 − 12억 원) / 14억 원 = 약 5천7백만 원

그런데 여기서 주의할 점은 1세대란 배우자 및 생계를 같이하는 가족을 가리킨다는 것이다. 따라서 주택을 팔기 전에 주민등록등본 및 초본을 확인하는 것이 좋다.

과거 일흔 살이 넘은 부인이 주택을 팔고 비과세로 신고를 한 적이 있는데, 조사

과정에서 40대 초반의 딸이 같은 주소지에 계속 주소를 두고 있었다는 사실이 드러났다. 그리고 하필이면 이 딸에게 다가구 주택 한 채가 있어 1세대 2주택이 되는 바람에 부인은 양도소득세 2억 원을 부담하게 되었다.

1세대 1주택 여부는 양도일을 기준으로 하기 때문에 딸이 사전에 실제 분가를 하여 주소지만 옮겼어도 내지 않았을 세금이었다.

관련 법령

1세대의 정의(소득세법 제88조 제6호)

'1세대'란 **거주자 및 배우자**(법률상 이혼을 하였으나 생계를 같이하는 등 사실상 이혼한 것으로 보기 어려운 관계에 있는 사람을 포함한다)가 그들과 같은 주소 또는 거소에서 생계를 같이하는 자와 함께 구성하는 가족 단위를 말한다.

※ 생계를 같이하는 자는 거주자 및 그 배우자의 직계존비속 및 형제자매를 말하며, 취학, 질병의 요양, 근무상·사업상 형편으로 본래의 주소에서 일시 퇴거한 사람을 포함한다.

소득세법 시행령 제152조의 3 【1세대의 범위】

다음 중 어느 하나에 해당하는 경우 **배우자가 없어도 1세대**로 본다.

1. 해당 거주자의 나이가 30세 이상인 경우
2. 배우자가 사망하거나 이혼한 경우
3. 법 제4조에 따른 소득 중 기획재정부령으로 정하는 소득이 국민기초생활보장법 제2조 제11호에 따른 기준 중위소득을 12개월로 환산한 금액의 100분의 40 수준 이상으로서 소유하고 있는 주택 또는 토지를 관리·유지하면서 독립된 생계를 유지할 수 있는 경우

※ 기준 중위소득을 12개월로 환산한 금액의 40% 참고

(2024년 기준 중위소득_보건복지부 고시 제2023-150호)

구분	1인 가구	2인 가구	3인 가구	4인 가구	5인 가구	6인 가구	7인 가구
중위소득	2,228,445	3,682,609	4,714,657	5,729,913	6,695,735	7,618,369	8,514,994
40%	891,378	1,473,043	1,885,862	2,291,965	2,678,294	3,047,347	3,405,997

☑ ⟨국세청 아는형⟩에게 물어보세요

Q. 안녕하세요? 저는 70세 어머니를 모시고 사는 40대 딸입니다. 어머니가 소유한 주택에서 동거봉양하며 살다가 제가 주택을 취득하였습니다. 이 경우 동거봉양 특례로 각각을 별도 세대로 보아 1세대 1주택에 해당될 수 있나요?

A. 소득세법 제155조 제4항 동거봉양 특례는 몇 가지 요건이 있습니다. ① 각각 1세대 1주택이었다가 세대를 합침으로써 1세대 2주택이 되고, ② 합친 날부터 10년 이내에 먼저 양도하는 주택이 비과세되는 것입니다. 해당 사례는 각각 1세대를 보유한 상태에서 동거봉양을 위해 합가한 것이 아니기 때문에 1번 요건을 위배한 것입니다.

Q. 1세대 1주택에서 세대 분가의 시점이 주택 양도일 직전까지면 인정되는지, 아니면 세법상 세대 이탈 인정 시점이 따로 정해져 있는지요? 즉 양도일 직전에 전입신고로 세대 이탈되면 세대에서 분가로 인정하는 것인가요?

A. 세대원 중 주택을 소유한 세대원이 실제 전출하고, 그것이 객관적으로 입증된다면 직전에 이루어져도 상관없을 듯하나, 오해를 받을 수 있으니 한 달 이상 간격을 두는 것이 좋을 것 같습니다.

Q. 세대주와 세대원이 친인척 관계가 아닌 동거인일 때도 1가구 1주택 비과세 혜택이 없어지나요?

A. 단순 동거인인 경우에는 그렇지 않습니다. 본인 및 배우자의 직계존비속 및 형제자매까지 해당됩니다.

독립세대인 척 하다가 세금 폭탄을 맞는 경우

과거 비과세를 받기 위해 양도일 직전 주택을 보유한 아들을 독립세대로 분리시키고 양도한 사례를 접한 적이 있다. 그러나 분리는 형식적일 뿐이었고, 사실상 같은 주택에 살고 있었다. 세무서는 이에 대해 실질과세를 적용하여 비과세를 배제하고 신고인에게 세금 3억 원을 추징했다.

이처럼 의심이 되는 상황이라면 세무서는 신고인에게 신용카드나 교통카드 사용 내역, 통화 내역 등을 요구할 수 있다. 물론 제출하지 않으면 세무서는 관계기관에 해당 자료를 요청한다.

따라서 비과세를 확실히 받고자 한다면, 주민등록상 가족이 또 다른 주택을 보유하고 있는 경우 확실하게 독립세대로 분리한 뒤에 양도해야 한다. 그리고 독립세대라는 것을 증명할 수 있게 신용카드나 교통카드 사용 내역, 기지국이 표시된 통화 내역 등을 준비해두는 것이 추후 불필요한 소송에 휘말렸을 때 스스로를 지키는 좋은 방법이 될 것이다.

관련 판례

엄격한 세대 분리 기준*

본인 명의 오피스텔을 한 채 갖고 있던 A씨의 아들이 2018년 10월 서울 서초구의 다른 오피스텔을 매수하고 12월에 전입신고까지 마쳤다.

A씨는 아파트를 한 채 보유하고 있었는데 2019년 3월 서초구 아파트를 팔고 등기 이전 작업까지 마쳤다. 이때, A씨는 아들과 세대 분리가 된 만큼 자신은 1세대 1주택자라고 보아 이에 부합하는 양도소득세 1억 9천만 원을 납부했다.

하지만 서울지방국세청은 A씨가 1세대 3주택자라며 양도소득세로 8억 원 가량을 고지했는데 그 이유는 A씨가 아파트를 팔 당시 아들과 같은 주택에서 거주했다는 것이다. 즉, 아들과 1세대를 함께 구성하므로 아들이 보유한 오피스텔 2채도 1세대의 주택 수에 포함한 것이다.

재판부 역시 A씨는 아파트를 양도할 당시 아들과 생계를 같이하며 한 개 세대를 구성하고 있었다고 판단했다. A씨는 침실과 화장실이 구분되어 각자 주거공간이 독립적이었다고 주장했지만 재판부는 해당 주택은 단층으로 출입구, 거실, 주방 등을 공유할 수 밖에 없는 구조라며 받아들이지 않았다.

* 연합뉴스, "다주택 자녀와 함께 살다 양도세 폭탄… 법원 과세 정당", 2023년 01월 15일 기사.

☑ <국세청 아는형>에게 물어보세요

Q. 팔기 직전에 단 며칠이라도 오피스텔을 얻어서 독립세대가 되면 괜찮나요?

A. 최소 한 달 이상 확실하게 독립하는 것을 권하며, 주민등록 이전까지 해야 합니다. 또한 신고서를 검토하는 기간인 신고서 제출 기한으로부터 2개월 정도까지는 근거를 계속적으로 유지할 필요가 있습니다.

입주권, 분양권도 주택 수에 포함된다

본인은 1주택자라 판단해 양도세 신고를 하지 않았는데 배우자가 가지고 있던 입주권 때문에 양도세를 추징당한 사례도 있다. 입주권이나 분양권도 주택 수 산정에 포함되는데, 아내가 입주권을 보유하고 있다는 사실을 깜빡했던 것이다. 그래서 비과세 혜택도 받지 못하고, 내지 않아도 되는 세금 3억 원을 내야 했다.

비과세로 주택을 팔고자 한다면 나와 세대원의 부동산 보유 현황부터 잘 살펴봐야 한다. 이어지는 사례는 모두 1주택이라고 생각했는데, 2주택 이상으로 판별되어 양도세를 추징당한 경우다.

월세 50만 원 때문에 4억 원의 세금 폭탄을 맞다

약 10년 전 세무서에서 일할 때 1주택을 보유하고 있다고 판단해 양도를 한 남자에게 거액의 세금을 추징한 적이 있다. 12억 원 상당의 주택을 양도하며 비과세로 신고한 경우인데, 알고 보니 부인에게 기준시가 7천만 원 상당의 주거용 오피스텔이 있었고, 거기에서 매달 50만 원의 월세를 받고 있었다.

처음에는 양도세를 절약했다고 좋아했겠지만 조정된 세액을 통보받고 난 뒤에는 깜짝 놀라 그제서야 부부는 해당 오피스텔이 주거용이 아닌 업무용이라고 주장했다. 당시 이를 확인하기 위해 전입세대 열람을 하고 입주자 관리 카드를 확인하고, 사업자등록 여부나 입주자 소득 내역까지 살펴본 뒤 마지막으로 입주자에게 전화를 걸었다. 입주자는 오피스텔을 주거 목적으로 이용하는 직장인이 분명했다. 조사 결과 4억 원의 세금이 부과되었다.

개인적으로는 안타까운 사연이지만 이미 해당 혐의로 조사 대상으로 선정되었기에 내가 할 수 있는 일은 달리 없었다. 만약 주택 양도 전 오피스텔을 팔았거나, 업무용 오피스텔로 실제 임대한 후 양도했다면 4억 원을 아낄 수 있었을 것이다.

관련 법령

오피스텔의 세법상 취급

오피스텔을 취득하거나 보유하거나 양도할 때 발생할 수 있는 세금 문제를 살펴보면 다음과 같다.

취득 시: 취득세

지방세법에 따라 취득세 계산 시 오피스텔의 경우 주거용인지와는 무관하게 업무 시설로 보아 4%의 취득세를 적용한다.

- 주택 매매 시 취득세율: 1~3%
- 업무 시설 매매 시 취득세율: 4%

2021년 이후 취득한 아파트의 분양권은 주택 수에 포함하여 취득세를 계산하지만, 오피스텔의 분양권은 다른 주택의 취득세 중과 여부를 판단할 때 주택 수에 포함되지 않는다.

보유 시: 재산세

오피스텔은 매년 6월 1일을 기준으로 보유하고 있는 자에게 재산세가 부과된다. 일반적으로 재산세를 부과하는 지방자치단체는 해당 오피스텔이 주거용으로 사용되는지 여부를 고려할 때 입주자의 전입 신고 여부 등을 확인하며 전입 신고 등이 되어 있다면 오피스텔을 주택으로 보아 주택분 재산세가 과세된다. 이렇게 오피스텔을 주거용으로 사용하는 것이 확인되어 재산세가 주택분으로 과세된다면, 종합부동산세도 부과될 수 있다. 종합부동산세의 경우 1세대 1주택자라면 12억 원을 공제하지만, 다주택자라면 9억 원을 공제한다. 한편, 주거용이 아닌 업무 시설로 판단되는 오피스텔의 경우 건물분 재산세 등으로 과세된다.

양도 시: 양도소득세

소득세법에서 주택이란 허가 여부나 공부상의 용도 구분과 관계없이 세대의 구성원이 독립된 주거생활을 할 수 있는 구조로서 세대별로 구분된 각각의 공간마다 별도의 출입문, 화장실, 취사 시설이 설치되어 있는 구조를 갖추어 사실상 주거용으로 사용되는 건물을 말한다(소득세법 제88조 제7호, 소득세법 시행령 제152조의 4). 즉, 소득세법에서는 오피스텔의 경우 공부상으로는 업무 시설로 분류하지만, 사실상 주거용으로 사용하고 있다면 주택으로 본다. 이렇듯 그 형식과는 무관하게 실제 주거용으로 사용하는지가 중요하므로 양도소득세 비과세 등을 적용할 때 주의가 필요하다.

(대법원 2019두49816, 2019. 11. 28.)
오피스텔은 공부상 주택은 아니지만 거주 목적이 주거용 오피스텔로 확인되는 경우 공부상 용도와 상관없이 주택으로 판단하여 비과세를 판단하여야 함.

(조심 2020중2272, 2020. 11. 03.)
쟁점 오피스텔 내부에 싱크대, 가스렌지, 세탁기, 냉장고, 옷장 등 주거에 필요한 시설이 설치되어 있어 상시 주거에 공할 수 있는 원룸 형태의 주거 시설로 봄이 합리적인 점, 청구인이 제출한 증빙만으로는 쟁점 오피스텔이 업무 시설로 사용된 것으로 보기 어려워 업무 시설에 해당하여 주택에서 제외되어 1세대 2주택 비과세특례 규정 적용 대상이라는 청구 주장을 기각한다.

☑ <국세청 아는형>에게 물어보세요

Q. 주택을 매매하려고 하는데, 제가 사무실로 사용하는 오피스텔이 하나 있습니다. 그곳에 사업자등록을 했으며 업무를 보기도 하고, 때로는 생활을 하기도 합니다. 혹시 이곳도 주택으로 간주될 수 있을까요?

A. 오피스텔의 주택 여부는 실질적으로 판단되는 바를 따릅니다. 전입신고는 안 되어 있어도 그곳이 주택으로 이용 가능한 곳이라고 판단되면 주택으로 판단할 수도 있습니다. 다만, 그곳에 사업자등록을 해놓았다는 것은 다소 유리한 요건입니다. 그래도 백 퍼센트 안심할 상황은 아니니 매매 시 유의하시길 바랍니다.

옥탑방 세금 폭탄 이야기

국세청에는 일명 '옥탑방 세금 폭탄'이라 불리는 사례가 있다. 그만큼 자주 발생하는 사례이기도 하다.

주택법상 다가구주택은 지하층 및 상가층을 제외하고 주택이 3개층 이하면 여러 호수가 있을지라도 매매 시 전체를 1주택으로 간주해 비과세가 가능하다.

그런데 옥상에 옥탑방이 있는 경우, 이 옥탑방이 옥상 면적의 8분의 1을 넘으면 하나의 층수로 인정된다. 이로 인해 이를테면 8개 호수가 하나의 주택으로 간주되다가 옥탑방 하나로 9개 주택이 되는 경우가 왕왕 발생한다. 나도 바로 이런 사례를 조사한 적이 있는데 옥탑방만 아니었다면 비과세였을 매매에 5억 원이 넘는 세금을 추징한 바 있다.

세무서에서는 수년 동안의 위성사진과 전입세대 신고 내역, 전입자들에 대한 전화 연락 등을 통해서 실제 옥탑방에 사람이 살았는지, 설령 양도일 현재 사람이 살지는 않더라도 상시 주거에 이용할 수 있는지 여부를 확인한다.

이런 상황이 발생하는 것을 막으려면 양도 전에 옥탑방 세입자를 미리 내보내고, 창고로 만들고 사진을 찍는 등의 대비를 철저히 한 후 양도하는 것이 좋다. 만약 세입자만 내보내고, 주택으로 사용할 수 있는 구조를 그대로 유지한 채 양도한다면 마찬가지로 다세대로 취급될 수 있다.

관련 법령

주택법상 다가구, 다세대의 정의

주택법 시행령 제2조 【단독주택의 종류와 범위】

- 다가구주택(다음 요건을 모두 충족해야 한다)

① 주택으로 쓰는 층수(지하층 제외)가 3개층 이하일 것(필로티 구조 주차장은 층수에서 제외)

② 1개 동의 주택으로 쓰이는 바닥 면적의 합계가 660㎡ 이하일 것

③ 19세대 이하가 거주할 것

주택법 시행령 제3조 제1항 【공동주택의 종류와 범위】

- 아파트: 주택으로 쓰는 층수가 5개 층 이상인 주택

- 다세대주택: 주택으로 쓰는 1개 동의 바닥 면적 합계가 660㎡ 이하이고, 층수가 4개 층 이하인 주택

건축법 시행령 제119조 【면적 등의 산정 방법】

9. **층수**: 승강기탑, 계단탑, 망루, **옥탑** 등 옥상 부분으로서 그 **수평 투영 면적의 합계가** 해당 건축물 **'건축 면적'의 8분의 1 이하인 것**과 지하층은

건축물의 층수에 산입하지 않는다.

(조심 2019서0111, 2019. 4. 1.)

쟁점 부동산의 건축물대장에 의하면 2017년 10월 29일 옥탑이 15㎡로서 주거용으로 적법한 절차 없이 '증축'되었다고 기재되어 있고, 이는 쟁점 부동산 '건축면적' 88.15㎡의 8분의 1인 11.02㎡를 초과하는 점 등에 비추어 처분청이 쟁점 부동산의 옥탑이 주택으로 사용된 것으로 보아 양도소득세를 과세(주택으로 사용된 층수가 4개 층이므로 '다가구주택'이 아니라 '다세대주택'으로 봄)한 처분은 잘못이 없다.

☑ <국세청 아는형>에게 물어보세요

Q. 저희 집은 건축물대장상 지하 1층, 지상 3층인 집인데, 다세대주택 판정 시, 지하층은 제외한다고 들었습니다. 건축물대장상에 지하층이니 다가구주택으로 볼 수 있나요?

A. 건축법 제2조 제1항 제5호에 '지하층'이란 건축물의 바닥이 지표면 아래에 있는 층으로서 바닥에서 지표면까지 평균 높이가 해당 층 높이의 2분의 1 이상인 것을 뜻하므로, 본 정의에 해당하는지는 사실 판단할 사항입니다.

Q. 3층 다가구주택에 옥탑이 있고, 해당 층에는 세입자가 있는 상태에서 매도하면 양도세가 나올까요?

A. 1~3층 주택에 4층 옥탑방 있는 것이라면 옥탑방의 수평 투영 면적이 건축물의 8분의 1을 초과할 경우 한 개 층으로 취급되어 다세대로 분류될 수 있습니다.

Q. 층은 3개층인데 각 층이 1.5룸이나 투룸으로 쪼개어져 있어서 총 8~9 가구가 살고 있다면 이 경우도 다가구에 들어가나요?

A. 주택으로 쓰이는 부분이 3개층 이하이고, 19세대 이하이며 바닥 면적의 합계가 660평방미터 이하인 경우면 다가구에 해당됩니다.

Q. 만약 4층에 수년간 전세로 세입자가 거주했고 그 사람이 나간 뒤 그냥 창고로 사용하면 이 주택을 다시 양도할 때 문제가 없을까요? 창고로 사용한다면

그 기간은 최소 얼마가 되어야 할까요? 과거 기록상에 잠시라도 세입자가 4층에 살았다는 사실이 남아 있으면 여지없이 다세대주택으로 구분되는지요.

A. 현재 창고로 쓰고 있는 상황도 중요하지만(그 기간에 정답이 없습니다) 시설(화장실, 싱크대 등)이 주택으로 쓸 수 있는 구조에 해당하면 주택으로 볼 여지가 있습니다.

Q. 1층을 필로티 주차장으로 쓰고, 2층~4층까지 주거용으로 사용 시 다가구인지 다세대인지 알고 싶습니다.

A. 1층에 주택이 없다면 주거용으로 쓰이는 층수가 3개층이므로 다가구입니다.

Q. 3층 건물 옥상에 창고를 하나 만들어서 비품을 보관하고 있는데, 그 창고에 화장실이 있습니다. 이 경우는 어떻게 되나요?

A. 화장실 등이 있다면 주택으로 보아 다세대로 분류될 수 있을 것 같습니다. 현재의 사용 용도가 아니라 언제라도 주택으로 이용할 수 있다면 주택으로 분류될 가능성이 있습니다.

농가주택 때문에 비과세를 부인당한 사례

얼마 전 알고 지내던 분의 안타까운 사연을 접했다. 본인은 1가구 1주택자라 생각해 강남에 있던 양도가액 20억 원 상당의 주택을 매매했는데, 2주택자인 게 밝혀져 세금 5억 원을 추징당한 사례다.

알고 보니 이분에게는 경기도에 오래 전 취득한 농가주택이 한 채 있었다. 이 농가주택에서 받는 월세는 고작 10만 원으로, 비워놓기보다 10만 원이라도 벌자고 임대해준 것이었는데 이 주택이 주택 수 산정에 포함된 것이다.

전입신고가 안 되어 있으니 사실상 폐가라는 점을 주장했으나 세무공무원이 전기 및 수도 사용 내역까지 확인하면서 주택으로 판단했고, 5억 원을 추징당했다. 아래 사례에 해당하지 않는다면 농가주택도 주택 수 산정에 포함될 수 있으니, 조심해야 한다.

관련 법령

농어촌주택에 대한 과세특례

농어촌주택에 대한 과세특례는 크게 소득세법에 따른 과세특례와 조세특례제한법에 따른 과세특례가 있다. 두 과세특례를 간단히 소개하면 다음과 같다.

1. 소득세법에 따른 과세특례(소득세법 시행령 제155조 제7항 농어촌주택)

다음 중 어느 하나에 해당하는 주택으로서 수도권 밖의 지역 중 읍지역 또는 면지역에 해당하는 주택(농어촌주택)과 그 밖의 주택(일반주택)을 국내에 각각 1개씩 소유하고 있는 1세대가 일반주택을 양도하는 경우 1세대 1주택 비과세특례를 적용한다.
① 상속주택(피상속인이 취득 후 5년 이상 거주)
② 이농주택(이농인이 취득 후 5년 이상 거주)
③ 귀농주택(영농 또는 영어의 목적으로 취득)

(1) 이농주택(소득세법 시행령 제155조 9항)
이농주택이란 영농 또는 영어에 종사하던 자가 전업으로 인하여 다른 시, 구, 읍, 면 등으로 전출함으로써 거주자 및 그 배우자와 생계를 같이하는 가족이 거주하지 못하게 되는 주택을 말한다.

(2) 귀농주택(소득세법 시행령 제155조 10항)
귀농주택은 영농(영어)의 목적으로 취득한 것으로 대지 면적이 660㎡ 이내이며 세대 전원이 이사하는 등의 일정한 요건을 모두 갖춘 주택을 말한다. 다만, 고가주택(취득 당시 실지거래가액12억 원 초과 주택)은 혜택에서 제외되며, 귀농주택의 경우에는 귀농주택을 취득한 날부터 5년 이내에 일반주택을 양도하는 경우에 한정하여 비과세특례를 적용한다.

2. 조세특례제한법에 따른 과세특례(조세특례제한법 제99조의 4 제1항)

1세대가 2003년 8월 1일부터 2025년 12월 31일까지의 기간(농어촌주택 취득 기간) 중 1개의 농어촌주택을 취득하여 3년 이상 보유하고, 해당 농어촌주택 취득 전에 보유하던 일반주택을 양도하는 경우에는 해당 농어촌주택은 1세대의 소유가 아닌 것으로 보는 규정이다.

(농어촌주택 요건) 다음 요건 모두 충족

① 취득 당시 기회발전특구에 소재하거나 수도권 지역, 도시 지역, 조정대상지역 등 일정한 지역을 제외한 지역으로서 읍·면 또는 인구 규모 등을 고려하여 법에서 정하는 동에 소재하는 주택
② 주택 및 부수 토지의 취득 당시 기준시가가 3억 원(한옥은 4억 원) 이하일 것
③ 일반주택이 소재한 읍·면 지역(또는 연접한 읍·면 지역)이 아닌 곳에서 농어촌주택을 취득할 것

> 인구감소지역에 소재하는 주택이라면 2025년 개정되는 다음 규정에 의해 1세대 1주택 비과세특례 등이 적용될 수 있다.
> 1. 인구감소지역 주택 취득자에 대한 과세특례(조세특례제한법 제71조의 2)
> 2. 비수도권 소재 준공 후 미분양주택에 대한 과세특례(조세특례제한법 제98조의 9)

취득 당시 조정대상지역이라면 2년 이상 거주해야 한다

취득 당시 조정대상지역의 주택이었다면 비과세 혜택을 받기 위해서는 2년 거주 요건을 충족해야 한다. 작년에 집안 어르신 중 한 분이 10년 전에 취득한 주택을 팔고 싶으시다며 내 의견을 구한 일이 있었다. 어르신은 2년 거주 요건을 채워야 하니 위장전입이라도 해야 하나 고민을 하고 계셨다. 나는 취득 당시 조정대상지역 주택이 아니었음을 확인하고 2년 보유를 했으니 팔아도 된다고 말씀을 드렸다. 이처럼 보유 조건과 거주 조건을 헷갈리는 분들이 있다.

또 어떤 분은 취득 당시 조정대상지역이었다가 양도 시에는 조정대상지역에서 해제되었으니 거주 요건이 필요없다고 오해하기도 한다. 2023년 1월 5일 이후로 조정대상지역은 강남3구인 강남구, 송파구, 서초구와 용산구 정도인데, 양도 당시 조정대상지역이 아니라고 해서 거주 요건 2년을 놓치면 안 된다.

조정대상지역 현황 또는 조정대상지역 확인 방법

(1) 국가법령정보센터(www.law.go.kr) 접속→통합검색 창에서 '조정대상지역' 검색

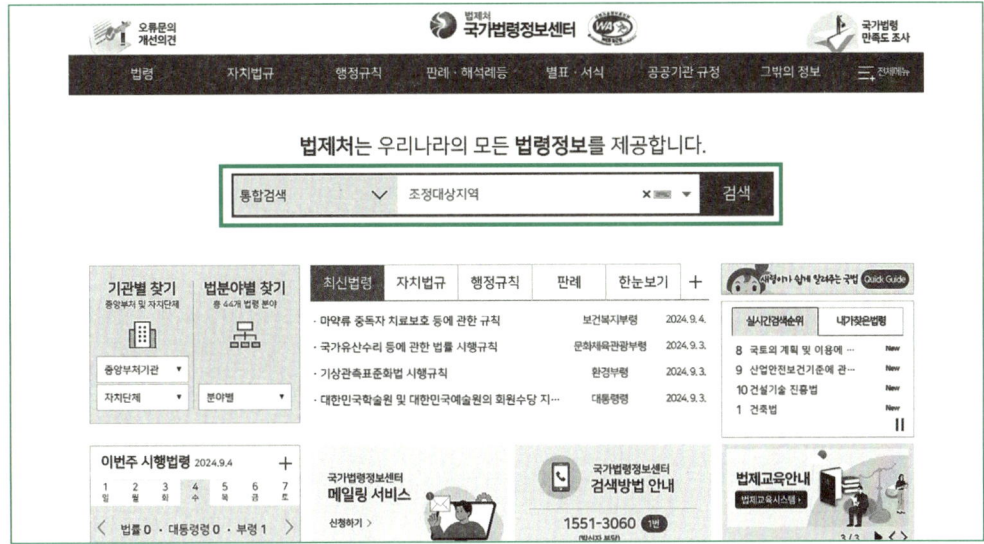

(2) 행정규칙→조정대상지역 지정 해제 클릭→첨부파일 클릭하여 다운로드

※ 2023년 1월 5일 조정 이후로 서울 서초구, 강남구, 송파구, 용산구만 지정이 되어 있는 것을 확인할 수 있다(2024년 7월 기준).

☑ <국세청 아는형>에게 물어보세요

Q. 2년 이상 실제 거주의 의미가 부모로부터 집을 물려받은 시점부터 2년인지, 아니면 그 집에 부모님이 10년 이상을 거주하다가 상속이 이루어졌다면 그 10년 안에 2년 이상을 거주하면 되는 건지 궁금합니다.

A. 상속 당시 동일 세대원이었다면 그 이전 보유 및 거주 기간도 합산합니다. 다만, 비과세 및 장기보유특별공제 2년 거주 요건 여부 판단 시에만 포함되며, 실제 장기보유특별공제금액 산출 시에는 상속받은 이후 기간만 합산됩니다.

거주를 하지 않아도 비과세 혜택을 받는 마법

올해 초에 아는 후배가 상담을 하려고 찾아왔는데 취득 당시 조정대상지역이었던 아파트를 팔면서 비과세를 받기 위해서 임차인이 거주하고 있는 주택에 직접 입주하려고 하고 있었다.

아이를 전학시키는 걸 감수하고서라도 이사를 가겠다고 하는 후배에게 상생임대주택제도에 대해 설명해주었다. 상생임대주택의 요건을 완비한 경우 비과세 혜택은 물론이고 장기보유특별공제에서 2년의 거주 요건도 충족한 것으로 보아 일거양득의 효과를 얻을 수 있다.

단, 상생임대로 2년의 거주 요건을 채우기 위해서는 다음을 충족해야 한다.

1. **주택을 취득한 이후 내가 체결한 직전 임대차계약 기간이 1년 6개월 이상일 것**
2. **기존 임차인 또는 새로운 임차인과 2년 이상의 (갱신)계약을 2024년 12월 31일까지 체결하고 2년 이상의 계약 기간을 준수할 것**

2025년 세법 개정안 통과 시 2026년 12월 31일까지 갱신계약을 체결하면 혜택 적용이 가능

3. 직전 임대차계약 임대료 대비 갱신계약의 임대료 증가율이 5%를 초과하지 않을 것

관련 법령

임대료 증가율의 개념

상생임대차계약으로 인정받으려면 '직전 임대차계약' 대비 '임대료 5% 이하' 인상을 준수하여야 한다.

'직전 임대차계약 대비'의 의미

주택을 취득하여 임대하는 자가 주택을 취득한 이후 임차인과 새로이 체결한 계약을 말한다. 즉, 이전 주택 보유자와 임차인이 임대차계약을 맺고 있다고 하더라도 해당 계약은 '직전 임대차계약'으로 보지 않으므로 이미 임차인이 있는 주택을 구입하여 임대차 계약을 승계받는 경우에는 해당 세제 혜택을 적용하지 않는다.

임대료 5% 이하 인상

상생임대차계약을 체결하면서 전세에서 월세로 또는 월세에서 전세로 전환하는 경우에 민간임대주택특별법 제44조 제4항에 따른 산정률*(전세·월세 전환율)을 활용하여 판단한다.

* '연10%'와 '기준금리 + 연2%' 중 낮은 비율

> **사례** 보증금 3억 원, 월세 150만 원을 받는 직전 임대차계약이 있는 경우로서 월세를 5% 인상하고자 하는 경우(현행 기준금리 3.5% 가정)

① 한달치 보증금: 3억 원 / 12개월 = 25,000,000원

② 한달치 보증금을 월세로 전환: 25,000,000원 × 산정률**(5.5%) = 1,375,000원

③ 환산 월차임: 기존 월세 1,500,000원 + 전세 전환분 1,375,000원 = 2,875,000원

④ 환산 월차임 5% 인상분: 2,875,000 × 0.05 = 143,750원

⑤ 5% 인상된 월세: 1,500,000원 + 143,750원 = 1,643,750원

** 산정률: min(10%, 기준금리 3.5% + 2%) = 5.5%

☑ 〈국세청 아는형〉에게 물어보세요

Q. 상생임대주택과 관련해 두 가지 질문이 있습니다. ① 상생임대주택 요건을 갖추었다는 것을 어떤 서류로 증명할 수 있나요? ② 직전 임대차계약이 끝난 후 상생임대차계약은 같은 임차인이어야 하는지, 아니면 다른 임차인이어도 상관없나요?

A. ① 소득세법 시행령 제155조의 3을 살펴보면 "상생임대주택에 대한 특례적용신고서에 해당 주택에 관한 직전임대차계약서 및 상생임대차계약서를 첨부하여 납세지 관할 세무서장에게 제출해야 한다"고 되어 있습니다. ② 직전 임대차계약에서 임대료를 5% 이내로 올린 경우라면 임차인이 바뀌어도 상관없습니다.

Q. 세입자가 2년 거주 후 새로 계약서를 안 쓰고 2년을 연장했습니다. 임대료도 그대로고요. 이것도 상생임대주택 요건에 해당되는지요? 꼭 계약서를 다시 써야 하나요?

A. 연장계약서를 작성해야 금액 증가 여부, 실제 연장 여부 확인이 가능하므로 지금이라도 계약서를 작성하는 것을 권합니다.

Q. 1년 6개월 이상된 임차인과 상생임대차로 재계약 2년을 체결하고 바로 매도해도 상생임대주택 적용이 되나요? 아니면 2년을 더 기다렸다가 양도해야 하나요?

A. 후자입니다. 계약 기간인 2년을 채운 후 양도해야 합니다.

겸용주택의 비과세

세무서에서 일을 하며 퇴사를 대비해 한창 양도세 공부에 열을 올리던 무렵, 친하게 지내던 누님으로부터 전화가 왔다.

"염 팀장 나 뭐 좀 물어봐도 돼?"

"네, 누나."

"우리 집을 팔았어. 그런데 1층이 상가고 2~3층은 주택이거든. 이거 비과세로 볼 수 있을까?"

"2022년부터 법이 바뀌어서 주택 면적이 더 커도 상가 부분은 상가로 보기 때문에 비과세는 일부만 받을 수 있어요."

당시 공부하고 있던 분야이기도 한 터라 나는 자신 있게 대답했다.

그러나 며칠 후 전화가 다시 왔다.

"염 팀장, 상가랑 주택 포함해서 12억 원이 초과하지 않으면 예전처럼 주택 면적이 더 클 경우에는 건물 전체를 주택으로 본다고 하던데?"

누나의 전화를 받고 할 말을 잃었다. 잘난 척을 했다 크게 뒷통수를 맞은 느낌이었다. 그날 이후로 아무리 사소한 상담이라도 돌다리도 두드리고 건너는 심정으로 현행 법률을 확인하는 습관이 생겼다.

관련 법령

겸용주택에 대한 비과세 판정

(1) 실지거래가액 12억 원 이하인 주택

- 주택 연면적 ≤ 주택 외 부분 연면적: 주택 부분만 주택으로 보아 비과세 판정
- 주택 연면적 > 주택 외 부분 연면적: **전부를 주택**으로 보아 비과세 판정

(2) 실지거래가액 12억 원을 초과하는 고가 주택

- 주택 연면적 ≤ 주택 외 부분 연면적: 주택 부분만 주택으로 보아 비과세 판정
- 주택 연면적 > 주택 외 부분 연면적: **주택 부분만 주택**으로 보아 비과세 판정

염지훈 세무사가 알려주는 쉬운 세금 이야기

PART

1세대 1주택 특례

일시적 2주택 비과세

"이사를 가려다보니 양도 당시 2주택이 되어버리는데 이런 경우에도 세금을 부과하나요?"

이런 걱정을 하는 분들이 있는데, 비록 양도 당시 2주택이어도 비과세 혜택을 적용받을 수 있는 길이 있다. 헌법상 거주 이전의 자유를 보장하려는 취지이다.

① 종전 주택을 취득한 날로부터 1년 경과 후 신규 주택 취득
② 종전 주택 양도일 현재 2년 이상 보유(취득 당시 조정대상지역이었다면 2년 거주까지)
③ 신규 주택 취득일로부터 3년 이내* 종전 주택 양도

---

* 과거 3년보다 단기였던 적도 있었지만, 2023년 1월 12일 이후 양도분부터 3년 적용

☑ <국세청 아는형>에게 물어보세요

Q. 남편 명의의 시가 4억 원 상당의 아파트에 9년 이상 거주하고 있고, 작년 말 신규 아파트를 제 명의로 구입했습니다. 내년 3월에 보유하던 아파트를 팔고 새로 구입한 아파트로 들어가려고 하는데 이런 경우 일시적 2주택자로 비과세 적용을 받을 수 있나요?

A. 남편 명의 기존 아파트를 1년 이상 보유하다가 본인 명의로 일반주택을 신규 취득한 것으로 보입니다. 신규 취득한 주택 취득일부터 3년 이내에 기존 주택을 양도한다면 소득세법 시행령 제155조 제1항에 근거하여 비과세가 가능할 듯합니다.

상속주택 비과세

"제가 주택이 있는데, 상속을 받아서 곧 2주택이 됩니다. 비과세를 받을 수 있나요?"

본인 소유의 주택이 한 채 있는 상황에서 상속으로 주택 한 채를 더 받게 되는 상황이다. 상담을 요청하신 분은 기존의 주택을 팔려고 했는데, 상속받는 주택 때문에 공연히 비과세 적용을 받지 못할까봐 걱정하고 계셨다. 결론부터 말하자면 이런 경우 상속주택 비과세를 적용받을 수 있다.

즉, 상속 개시 당시 주택을 보유하던 상속인이 해당 주택을 양도하고자 할 때에는 상속받은 주택은 주택 수 산정에서 제외된다. 이 경우 굳이 3년 이내에 양도할 필요도 없다.

이렇게 일반주택을 양도한 후 상속주택까지 양도한다면 두 주택 모두 비과세가 가능하다. 그러나 반대로 상속주택을 먼저 양도한다면 상속주택에 대해서는 비과세를 적용받지 못한다.

관련 법령

상속주택 비과세와 선순위 상속주택 규정

1. 상속주택 비과세(소득세법 시행령 제155조 제2항)

① 상속받은 주택*과 일반주택을 국내에 '각각' 1개씩 소유하고 있는 1세대가 일반주택을 양도하는 경우에는 국내에 1개의 주택을 소유하고 있는 것으로 보아 1세대 1주택 비과세를 적용한다.

다만 상속 개시일로부터 소급하여 2년 이내에 피상속인으로부터 증여받은 주택 또는 입주권·분양권은 일반주택으로 보지 않아 해당 비과세를 적용하지 않는다.

* 상속받은 주택이란 일반주택 보유 상태에서 상속받은 주택을 말한다.

② 동일한 세대원으로부터 상속받은 주택은 상속주택으로 볼 수 없어 상속주택에 대한 비과세특례가 적용되지 않는다. 그러나 동거봉양을 목적으로 세대를 합침에 따라 2주택을 소유한 경우로서 합치기 이전부터 보유하고 있었던 주택은 상속주택으로 본다.

2. 선순위 상속주택의 개념

피상속인이 상속 개시 당시 2개 이상의 주택을 소유한 경우에는 다음의 순서에 따라 선순위 상속주택이 결정된다. 상속주택의 비과세 규정이 적용되는 상속주택은 이러한 선순위 상속주택이다.

① 피상속인이 '소유'한 기간이 가장 긴 1주택

② 피상속인이 소유한 기간이 같은 주택이 2개 이상일 경우 피상속인이 '거주'한 기간이 가장 긴 1주택

③ 피상속인이 소유한 기간 및 거주한 기간이 모두 같은 주택이 2개 이상일 경우에는 피상속인이 '상속 개시 당시 거주'한 1주택

④ 피상속인이 거주한 사실이 없는 주택으로서 소유한 기간이 같은 주택이 2개 이상일 경우에는 '기준시가가 가장 높은' 1주택(기준시가가 같은 경우에는 상속인이 '선택'하는 1주택)

☑ <국세청 아는형>에게 물어보세요

Q. 상속주택을 상속인 다섯 명이 동일 비율로 등기를 해놓는 경우, 상속 이전에 주택을 보유하고 있었던 입장에서 보면 상속주택은 주택 수에서 제외되고 본인이 가지고 있던 주택은 언제 처분해도 비과세를 받을 수 있는 게 맞나요? 만약 그 사람이 또 다른 주택을 추가 구입한다면 추가 구입하는 주택에 대한 취득세를 납부할 때는 상속주택이 주택 수에 포함되는지도 궁금합니다.

A. 첫 번째, 상속주택인 경우 일반주택은 언제 처분해도 비과세가 맞습니다.(소득세법 시행령 제155조 제3항) 두 번째, 상속 개시일부터 5년이 지나지 않은 주택은 중과 여부 판단 시 주택 수 산정에 포함되지 않습니다.(지방세법 시행령 제28조의 4 제5항 제3호)

Q. 부동산 상속 특례에 따르면 상속받은 날부터 기존에 갖고 있는 주택을 5년 이내 팔아야 비과세를 받는 것으로 알고 있습니다. 상속받은 주택을 먼저 팔면 비과세 혜택은 못 받는 것이고요. 제가 알고 있는 정보가 맞는지요.

A. 소득세법 시행령 제155조 제2항에 상속받은 주택과 일반주택을 국내에 각각 1개씩 소유하고 있는 1세대가 일반주택을 양도하는 경우에는 국내에 1개의 주택을 소유하고 있는 것으로 보아 제154조 제1항을 적용한다고 기재되어 있습니다. 법에 5년이라는 기한은 없습니다.

혼인과 이혼 그리고 양도소득세

"형, 저는 혼인신고 안 했어요."
"왜?"
"혼인하고 5년이 지나면 2주택이 되잖아요. 혼인신고 안 해도 사는 데는 큰 지장이 없어요."

언젠가부터 친하게 지내던 동생들 가운데 혼인신고를 하지 않는 이들이 몇 명 눈에 띄었다. 결혼 전부터 부부가 각자 1주택을 보유하고 있다가 그 가격이 너무 많이 올라버린 경우로, 혼인신고를 하고 5년 이내에 어느 한 주택을 팔지 않으면 2주택자가 되어버리기 때문이다. 그 친구들 말로는 애를 낳아도 학교를 가기 전까지는 아무런 불편함이 없다고 한다. 사회생활을 하다 보니 그런 사람들이 꽤 많다는 것도 알게 되었다.

그런가 하면 양도 시 비과세 혜택을 받기 위해 이혼까지 고민하는 사람들도 있다. 세무서에서 근무할 당시 부부가 각각 집을 가지고 있던 지인이 어떤 집을 먼저 팔아야 세금이 적게 나오는지 물어봐서 계산을 해준 적이 있는데, 어떤 걸 팔아도 세금이 최소 4억 원은 나왔다. 반면 비과세를 적용할 경우 3억 원 이상을 줄일 수 있었다. 그때 그 지인도 농담처럼 "그냥 우리 부부 이혼을 해버릴까?"라는 말을 했었다.

실제로 이런 식의 이혼이 비일비재하게 발생해 이를 막기 위해 위장이혼으로 판정되는 경우에는 양도세를 과세한다는 규정이 법에 들어왔다. 그처럼 양도세를 많이 낼 상황에 처해본 적이 없어서인지 좀처럼 이해할 수 없는 세상이라는 생각이 든다.

관련 법령

혼인 관계에서 양도세 규정

1. 혼인 합가 특례(소득세법 제155조 제5항)

다음 중 어느 하나에 해당하는 경우 각각 **혼인한 날부터 5년 이내에 먼저 양도하는 주택**은 이를 1세대 1주택으로 보아 비과세 여부를 판단한다.

① 1주택을 보유하는 자가 1주택을 보유하는 자와 혼인함으로써 1세대가 2주택을 보유하게 되는 경우

② 1주택을 보유하고 있는 60세 이상의 직계존속을 동거봉양하는 무주택자가 1주택을 보유하는 자와 혼인함으로써 1세대가 2주택을 보유하게 되는 경우

혼인 합가 특례에 대한 개정안

2024년 7월 25일 기획재정부의 세법 개정안에 따르면 위의 혼인합가 특례 적용 기간인 5년 이내를 10년 이내로 완화하는 내용이 담겼다. 이 내용대로 세법 개정이 된다면 시행일 이후 양도하는 분부터는 10년 이내의 기준이 적용될 수 있다.

2. 1세대의 범위와 이혼(소득세법 제88조 6호 1세대의 범위)

'1세대'란 거주자 및 그 배우자(**법률상 이혼을 하였으나 생계를 같이하는 등 사실상 이혼한 것으로 보기 어려운 관계에 있는 사람을 포함한다**)가 그들과 같은 주소 또는 거소에서 생계를 같이하는 자와 함께 구성하는 가족 단위를 말한다. 다만, 대통령령으로 정하는 경우에는 배우자가 없어도 1세대로 본다.

※ 양도소득세에서 1세대를 구성하는 배우자는 ① 법률상 배우자와 ② 법률상 이혼은 하였으나 생계를 같이하여 사실상 이혼하지 않은 사람을 포함하는 것이다. 따라서 부부가 각각 소유한 주택에 대해 비과세를 적용받기 위해 이혼한 경우에도 사실상 생계를 같이하는 것으로 판단되면 1세대로 보아 2개의 주택을 소유하고 있는 것으로 판단한다.

동거봉양 합가로 인한 2주택 비과세

어릴 적 조부모님의 보살핌을 받으며 자랐기 때문인지 언젠가 부모님과 함께 살면서 나의 아이들도 할머니, 할아버지의 사랑을 듬뿍 받기를 바라는 마음이 조금은 있다. 아이들의 정서에도 좋고, 부모님도 행복한 노후 생활을 보내실 수 있지 않을까?

그런데 부모님을 모시고 효자로 사는 것이 세법상으로는 그다지 좋은 방법은 아닌 것 같다. 나는 결혼 전에 조그마한 집이 하나 있었고, 부모님에게도 집이 있었다. 결혼 전에는 부모님과 쭉 함께 거주했고, 결혼을 하고도 한동안은 그렇게 살았다.

그런데 당시 하마터면 나 자신을 1세대 1주택자로 착각해 집을 팔 뻔한 적이 있었다. 2018년 이전이었던 그때에는 60세 이상 부모와 합가한 날로부터 5년이 지나면 2주택이 되어 비과세를 적용받을 수 없었다.

결국 나는 비과세를 받기 위해 실제로 분가를 하고도 한참이 지난 후에야 그 집을 양도했다. 중이 제머리를 못 깎는다더니 세무공무원으로서 부끄러운 실수를 저지를 뻔한 사례였다.

최근에 아는 분이 부모님과 함께 살다가 자기 소유 집을 양도하기 위해 위장 분가를 한 경우가 있다. 사실 이분은 부모님이 많이 아프셔서 분가를 할 수 없는 상황이었고, 집을 팔려는 것도 병원비 등을 마련하기 위해서였다. 결국 어머니를 혼자 둘 수 없어 택한 방법이 위장 분가였던 것이다. 이분은 위장 분가 사실이 발각되어 추징금을 받을까봐 아직까지 집을 팔지도, 그렇다고 위장 분가를 거두지도 못하고 있다. 효자로 산다는 게 참 어려운 일이라는 것을 이분을 보며 느꼈다.

동거봉양 합가 양도소득세 비과세특례를 적용받기 위해서는 다음과 같은 조건을 충족해야 한다.

첫째, 합가하기 전부터 각각 1주택을 보유하다가 합가로 인해 2주택이 되어야 한다. 즉, 합가를 하지 않은 상태에서 각각 비과세를 받았을 상황이어야 하며, 합가를 한 상태에서 추가로 취득한 주택은 당연히 해당이 안 된다.

둘째, 합가한 후 10년 이내에 비과세 요건을 갖춘 1주택을 양도해야 한다.

만약 분가했다가 재합가하면 각각 동거 기간을 계산한다. 예를 들면, 합가했다가 9년이 지나고 다시 분가 후 재합가한다면 최종 합친 날부터 10년 이내에 양도하는 주택에 대해 비과세를 적용한다. 물론 위장 분가는 적발이 상대적으로 쉬운 탓에 세무서의 집중 점검 대상이 되어 추징당할 가능성이 높다.

관련 법령

노부모 봉양을 위한 1세대 2주택

1. 소득세법 시행령 제155조 제4항
1주택을 보유하고 1세대를 구성하는 자가 1주택을 보유하고 있는 60세 이상의 '직계존속'을 동거봉양하기 위하여 세대를 합침으로써 1세대가 2주택을 보유하게 되는 경우, 합친 날부터 **10년 이내에 먼저 양도하는 주택**은 이를 1세대

1주택으로 보아 비과세를 적용한다.

※ 합가한 후 분가하였다가 다시 합가한 경우의 기산일

    세대가 다른 1주택을 가진 아들과 1주택을 가진 노부모가 세대를 합했다가 다시 분가하였다가 다시 세대를 합친 경우에는 그 '최종' 합친 날부터 10년 이내인 비과세 요건을 갖춘 1주택을 양도하는 경우에는 노부모 봉양 합가의 1세대 1주택 특례 규정이 적용된다.

2. 동거봉양 시 세금 효과 분석

① 양도소득세(소득세법 시행령 제155조 제4항)

    요건을 충족하여 동거봉양을 위해 세대를 합치는 경우로서 합친 날부터 10년 이내에 먼저 양도하는 주택은 1세대 1주택으로 보아 비과세를 적용한다.

② 종합부동산세(종합부동산세법 시행령 제1조의 2 제5항)

    동거봉양하기 위하여 합가함으로써 과세 기준일 현재 60세 이상의 직계존속과 1세대를 구성하는 경우에는 **합가한 날부터 10년 동안 주택 등 소유자와 그 합가한 자 각각 1세대로 본다**(따라서 종합부동산세 12억 원 공제금액 판단 등을 적용할 때 각각 세대로 보아 적용하여 계산한다).

③ 재산세(지방세법 시행령 제110조의 2 제3항)

    과세 기준일 현재 65세 이상의 직계존속을 동거봉양하기 위하여 19세 이상의 직계비속 또는 혼인한 직계비속이 합가한 경우에는 각각 별도의 세대로 본다(법령에 기간의 명시가 없으며 동거봉양 목적으로 합가하는 경우 재산세를 과세할 때 각각 세대로 보아 재산세 세율 특례 적용 대상 1세대 1주택을 판단한다).

☑ <국세청 아는형>에게 물어보세요

Q. 조정대상지역에 아파트를 취득하여 4년간 거주한 후 현재는 전세를 주고 저는 부모님 댁에 전입신고를 하여 함께 거주 중입니다. 이 경우에도 양도하게 되면 1세대 2주택이 될까요?

A. 본인도 1세대 1주택, 부모님도 1세대 1주택인 상황에서 부모 중 한 분이라도 60세 이상인 부모와 합가하는 경우, 합가 후 10년 이내 양도하는 주택은 1세대 1주택으로 보아 비과세 합니다. 동거 합가하지 않았다면 각각 비과세를 받을 수 있었기 때문입니다.

거주주택 비과세와 종합부동산세 합산 배제

한때 소형아파트에 대한 임대사업자 등록이 유행했던 적이 있었다. 한 채가 아닌 여러 채를 사서 양도세 및 종합부동산세 혜택을 받기 위해서 구청과 세무서를 오가며 임대사업자 등록을 하는 것이다. 임대주택제도의 큰 혜택 중 가장 대표적인 것이 거주주택 비과세와 종합부동산세 합산 배제이다.

6년 전 어느 날 큰형에게 전화가 왔다.

"지훈아, 임대사업자 등록을 하면 좋다는데 할까?"

순간 임대사업자가 지켜야 할 수많은 규칙들과 과태료 규정이 떠올랐지만 그래도 이익이 더 많다고 판단했다.

"그래 형, 하는 게 좋을 거 같아."

임대사업자 등록을 하면, 살고 있는 집을 팔 때 거주주택 비과세와 종합부동산세 합산 배제 혜택을 받을 수 있으니 권할 만 하다고 판단했다.

시간이 흘러 형은 임대사업자 자동 말소 통보를 받았다. 임대사업자 등록 말소 후에는 그간 합산 배제한 임대주택을 합산 적용하는 절차를 밟아야 한다. 그런데 바로 그해에 종합부동산세 합산 적용 신청을 했어야 했는데, 그 시기를 그만 놓쳐버리고 말았다. 그에 따라 종합부동산세 및 관련 가산세가 포함되어 과세 예고 통지서까지 날라왔다.

임대사업자 등록 해제 후에는 거주주택 비과세도 신경 써야 한다. 자동 말소일로부터 5년 이내에 거주주택을 팔면 비과세 혜택을 받을 수 있는데, 말 그대로 현재 살고 있는 '거주주택'이니 아이들 학교 문제 등을 고려하다 보면 5년 이내에 파는 게 쉽지 않을 수 있다.

☑ <국세청 아는형>에게 물어보세요

Q. 단독주택을 보유 및 임대하고 있는 주택임대사업자입니다. 현재 오피스텔을 구입한 후 7년 정도 거주하고 있는데 나중에 오피스텔 매도 시 비과세를 적용받으려면 어떻게 해야 하나요?

A. 단독주택을 임대하고 오피스텔에 거주하다가 거주주택 비과세를 적용받으면서 오피스텔을 팔고 싶다는 말로 이해가 됩니다. 그렇다면 오피스텔에 2년 이상 거주 후 양도해야 하고 임대 요건을 갖춘 단독주택은 5년 이상 임대해야 합니다.

거주주택 양도 후 남는 1주택의 비과세 범위

나는 2014년 세무사 시험에 합격했다. 1년 동안 아이들을 돌보는 일 외에 하루 평균 12시간을 공부하면서 바깥 출입도 거의 하지 않고 시험 준비를 한 덕분이었다. 같은 해 11월, 2차 시험에 붙고 2015년 1월 양천세무서 재산세과 재산조사팀에 발령을 받았다.

일선 세무서 재산세과에서는 양도, 상속, 증여, 증권거래세, 해외계좌신고, 종합부동산세 등의 업무를 한다. 그중에서도 재산조사팀은 양도, 상속, 증여, 자금출처 조사를 수행하고, 부채 사후관리, 자금출처 확인 등의 업무도 한다.

당시 한 달에 약 세 차례, 매회 네 시간씩 상담 업무를 수행했다. 2년 동안 상담 업무를 보면서 여러 차례 무식이 탄로 나기도 했다. 세무사 시험에 합격한다 해도 모든 걸 다 알지는 못한다. 별도 세목에 대한 지식은 경력자들을 따라갈 수가 없었다.

하지만 "모르는 걸 인정하는 사람이 진정한 실력자"라는 신조 덕분에 재산세과에서 보낸 2년 동안 많은 경험과 지식을 쌓을 수 있었다.

그 당시 재산세과 상담실에서 상담을 하고 있었는데, 한 분이 찾아오셨다.

"거주주택과 임대주택이 한 채씩 있었는데, 1년 전 거주주택을 팔고 비과세를 받았어요. 그리고 이제 임대주택을 팔려고 하는데……"

거기서 나는 불쑥 끼어들어 이렇게 답했다.

"비과세입니다."

옆에서 그 얘기를 듣고 있던 선배가 나를 조용히 불렀다.

"염 반장, 거주주택 비과세 적용 후 임대주택 양도 시 비과세는 전체 비과세가 아니야."

나는 당황해서 곧바로 책을 찾아본 뒤 다시 정정해서 설명을 드렸다.

당시 나는 거주주택 비과세를 받은 이후 남은 임대주택을 팔 때 그 주택도 전부 비과세가 된다고 이해했다. 상속주택 비과세와 일시적 2주택에서는 순서만 잘 지켜 팔면 모두 비과세를 받는데 반해 거주주택 비과세를 받은 후 홀로 남은 임대주택 비과세의 혜택은 생각보다 적을 수 있으니, 신고 시 유의해야 한다.

관련 법령

거주주택 비과세 적용 후 임대주택 비과세 관련

최초로 거주주택에 대한 비과세를 받은 후 다른 장기임대주택이 거주주택으로 전환되어 1세대 1주택 비과세특례가 적용되는 경우에는 그 비과세 범위가 축소되므로 주의해야 한다. 직전 거주주택 양도일 후의 기간 분에 대해서만 비과세를 적용하기 때문이다.

염지훈 세무사가 알려주는 쉬운 세금 이야기

PART

취득가액,
필요경비,
장기보유특별공제

환산취득가액을 적용하면 세금이 줄어들까?

현행 소득세법상 양도가액도, 취득가액도 모두 실지거래가액으로 신고하게끔 되어 있다. 통상 양도가액은 실지거래가액으로 신고하는 데 어려움이 없다. 바로 최근에 계약을 체결했고, 그 가격을 모르는 경우는 거의 없기 때문이다. 문제는 취득가액이다.

부동산을 취득한 지 오래된 분들에게 취득가액이 얼마냐고 물어보면 열에 아홉은 일단 모른다고 답을 한다. 그럴 때면 환산가액을 적용해서 말씀드린다. 그랬을 때 환산가액이 실제 취득가액보다 오히려 더 낮으면 그제서야 계약서를 꺼낸다. 환산가액을 적용하면 세금이 줄어들 수도 있다는 이야기를 듣고 도대체 얼마나 나오는지 보고 있다가 그게 아닌 경우 슬그머니 계약서를 꺼내는 것이다.

세무서 직원도 이 점을 알고 있지만 진정한 실가를 알 수 없어서 환산가액 적용을 부인하지 못하고 넘어가는 경우도 있다. 지인 중에 90년대 후반에 나홀로 아파트를 분양받았는데, 환산가액을 적용할 경우 오히려 세금이 2천만 원 이상 줄어든다고 판단해 계약서를 없애버린 경우도 있었다.

그런데 환산가액 적용으로 세액이 줄어드는 점을 이용하여 환산가액으로 취득가액을 신고했는데, 전 양도자가 기준시가가 아닌 실제거래가액으로 양도세 신고를 한 경우가 있을 수 있다. 이런 경우, '실가 상이 자료'로 분류되어 환산가액이 부인되며, 가산세 또한 부과될 수 있으니 유의해야 한다.

또 다른 지인 중에 20년 전 토지를 분양받고 그 위에 건물을 지어서 약 15년 후인 5년 전에 양도한 사례가 있다. 해당 토지는 LH에서 분양받았고, 건물은 직접 지었는데, 둘 다 취득가액을 환산으로 신고했다. 그런데, 세무서에서 토지의 취득가액은 LH에 공문을 보내서 확인하고, 건물의 취득가액은 지인의 건물 취득 시 부가세 신고내역으로 실거래가액을 확인하여 환산가액을 부인했다. 지인은 결국 불복 기회를 놓치고 세금을 낼 수 밖에 없었다.

관련 법령

환산취득가액

취득한 자산의 실지거래가액을 확인할 수 없는 경우에 ① 매매사례가액 ② 감정가액 ③ 환산취득가액을 순차적으로 적용한다(소득세법 제97조 제1항).

- 환산취득가액 = 양도 당시 실지거래가액 × $\dfrac{\text{취득 당시 기준시가}}{\text{양도 당시 기준시가}}$

※ 필요경비를 적용할 때 ① 환산취득가액과 필요경비 개산공제(취득 시 기준시가의 3%)의 합계액과 ② 자본적 지출액과 양도비용의 합계액 중 큰 금액을 그 필요경비로 한다.

> **사례** 2024년 7월 31일 토지를 10억 원에 양도(취득 시기 2004년 1월 1일)하였는데, 취득 당시 실지거래가액을 알 수 없는 경우 양도소득세는 얼마일까? 단, 양도 시 토지의 기준시가는 8억 원이고 취득 당시의 기준시가는 4억 원으로 가정한다.

양도가액 10억 원

취득가액 5억 원 ← 환산취득가액 = 10억 원 × $\dfrac{4억\ 원}{8억\ 원}$

기타 필요경비 0.12억 원 ← 필요경비 개산공제 = 4억 원 × 3%

양도차익 4.88억 원

장기보유특별공제 1.464억 원 ← 4.88억 원 × 30%

양도소득금액 3.416억 원

기본공제 0.025억 원

과세표준 3.391억 원

산출세액 1.097억 원

환산취득가액 관련 가산세가 더 컸던 사례

국세청을 퇴직하기 약 3년 전의 일이었다. 아는 분이 부동산매매업을 하다가 상가를 양도했는데, 취득가액을 모른다는 이유로 환산가액으로 신고했다. 아마도 그 편이 세금이 적게 나온다고 판단했던 것 같다.

그런데 세무사가 놓친 부분이 있었다. 2018년 이후 양도분부터 건물 신축 후 5년 이내에 양도 시에는 건물 환산가액의 5퍼센트를 가산세로 부과하는 규정이 생겼는데, 이 세무사가 옛날 생각만 하고 이를 간과한 것이다.

해당 사례를 자세히 살펴보면 건물의 실제 양도가액은 120억 원이었고, 환산취득가액 100억 원으로 제출한 경우(건물 실제 취득가액은 90억 원으로 추정)로, 건물 환산취득가액을 적용할 경우 유효세율 40퍼센트를 적용하여 절세액이 4억 원인데, 환산취득가액 적용으로 가산세 5억 원이 추가 과세되어 오히려 1억 원의 세금을 더 내게 되었다.

관련 법령

환산가액 적용 시 가산세 규정(소득세법 제114조의 2)

거주자가 건물을 신축 또는 증축하고 그 건물의 취득일 또는 증축일로부터 5년 이내에 건물을 양도하는 경우로서 취득가액으로 감정가액 또는 환산취득가액을 적용하는 경우 해당 가액의 5%에 해당하는 금액을 가산세로 한다

상속으로 인한 부동산 취득가액

"상속 당시 취득가액이 얼마였는지 확인하고 싶습니다."

상속세를 신고하지 않은 상속인이 세무서를 찾아와 이런 문의를 했다. 상속공제금액이 10억 원이 넘는데, 기준시가 5억 원 상당의 아파트를 상속받고 신고하지 않은 것이다. 그런데 이미 세무서에서 기준시가로 상속세 결정을 해놓은 상태였다.

납세자는 상속 개시일 기준 전 6개월 이내에 유사매매사례가액이 존재하는데, 세무서에서 상속세 결정 당시 유사매매사례가액 8억 원이 아닌 기준시가 5억 원으로 결정한 것은 잘못된 것이 아니냐고 주장했다. 그 바람에 취득가액이 3억 원 줄어들어서 양도세 1억 원 정도가 더 과세될 상황에 놓였다는 것이었다.

이와 같은 경우 유사매매사례가액이 있으니 주장이라도 해볼 수 있지만 만약 유사매매사례가액마저 없었다면 해결은 쉽지 않았을 것이다. 경우에 따라서는 감정평가를 통해서 취득가액을 올리고 다소의 상속세를 내는 것을 고려할 필요가 있는 것이 바로 이런 이유 때문이다.

장부상 감가상각비 계상액은 취득가액에서 차감

세무서에서 근무할 당시 이따금 누군가의 양도세 계상을 검토해준 적이 있다. 계산에 틀린 것은 없는지 재확인하는 작업인데, 가끔씩 들어오는 요청인지라 종종 내가 틀리는 경우도 있었다. 특히 감가상각비 계상액을 차감하는 작업이 골치가 아팠다.

통상 상가 건물을 취득하면 수십 년에 걸쳐 감가상각이 일어난다. 다소의 종합소득세 절감 효과를 보고, 양도 시 양도소득세를 한 번에 내야 할 때, 부동산 취득가액에서 감가상각비 누적계상액을 차감한다. 종합소득세와 양도소득세에 이중으로 필요경비가 인정되는 것을 막기 위함이다.

관련 법령

감가상각 자산의 필요경비 계산(소득세법 제97조 제3항)

양도 자산 보유 기간에 그 자산에 대한 감가상각비로서 각 과세 기간의 사업소득금액을 계산하는 경우 필요경비에 산입하였거나 산입할 금액이 있을 때에는 이를 취득가액(실지거래가액, 환산취득가액, 자본적 지출액, 양도비)의 금액에서 공제한 금액을 그 취득가액으로 한다.

이자비용은 왜 필요경비로 인정이 안 되나요?

"건물 취득에 실제 들어간 비용인데, 이자비용은 왜 경비로 인정이 안 되나요?"

이런 의심을 품는 사람들이 생각보다 많다. 특히, 한때 이자율이 치솟았을 때 높은 이자를 부담하다가 버티지 못하고 건물을 매각해야 했던 분들이 가장 안타까워하는 부분이다.

이는 양도세를 조금만 공부했다면 나오지 않았을 질문이기도 하다. 이에 대한 대답은 너무 간단하다.

"법에 그렇게 되어 있습니다."

소득세, 법인세의 필요경비는 매출과 직접 관련된 필요경비를 모두 인정한다. 예를 들어 부동산매매업자인 경우 사업소득인 부동산 매매 차익에 대한 종합소득세를 신고할 때에는 이자비용을 필요경비로 인정받을 수 있다. 그런데 양도소득세의 필요경비는 다음과 같은 경우만 인정한다.

필요경비(자본적 지출) 인정	필요경비 불인정
1. 매입세액 불공제된 부가가치 매입세액	1. 이자비용
2. 취득에 관한 쟁송 시 소송·화해 비용	2. 도배, 장판
3. 베란다 샷시 교체, 발코니 및 방 확장	3. 계약 위반에 따른 위약금
4. 시스템에어컨 설치	4. 각종 집기 수리비용
5. 보일러 교체	5. 기타 수익적 지출
6. 용도변경 비용	

취득 시 다운계약서 작성

예전에 지방 토지를 거래한 적이 있었다. 거래가액을 힘겹게 맞추고, 막상 계약서를 쓰려고 하는데 마지막 관문이 남았다. 다운계약서를 쓰지 않으면 팔지 않겠다는 것이다.

이런 경우 참으로 난감하다. 모든 결정을 내린 상태에서 돈도 장만했는데 갑자기 다운계약서 작성을 요구하며 그 차액을 현금으로 주지 않으면 거래를 하지 않겠다고 나서니 어떻게 해야 할까.

이럴 때 계약 당사자로서 고려해야 할 사항은 다음과 같다.

첫째, 차액을 현금으로 주려면 현금 출금을 해야 하는데, 돈을 찾기가 쉽지 않다.
둘째, 살 때는 상관없는데 팔 때는 어떻게 하나? 살 때의 매매가격은 2006년 1월 1일 이후 그 거래가액이 등기부등본에 기재된다. 따라서 양도할 때 그 금액을 뒤집기는 쉽지 않다.

셋째, 다운계약서 작성 시 비과세, 감면 배제, 신고불성실 가산세 40퍼센트 적용 등 세법상 불이익이 있고, 공인중개사, 매도인, 매수인 모두에게 양도 가격의 5퍼센트 이내 과태료가 부과된다.

이처럼 우려되는 점이 있음에도 현재까지도 분양권 등 전매 시 다운계약서를 작성하는 사례가 종종 있는 것으로 보인다.

다운계약서가 아니라도 사업을 하다가 건물과 함께 사업을 양도하는 경우, 권리금을 별도로 수수하기도 한다. 즉 건물값 외에 영업권을 서로 계상해서 그에 해당하는 금액을 본인의 계좌가 아닌 가족 등 타인의 계좌로 입금해달라고 요청하는 것이다.

그런데 이 역시 세무서의 눈을 피하기 어렵다. 세무서는 제보자에게 포상금을 주는 방식으로 제보를 독려하고 있으며, 결국 피제보자가 세금 폭탄을 맞는 결과로 이어지기 십상이다. 그럼에도 이런 사례가 반복되는 이유는 '나도 살 때 그렇게 샀으니, 팔 때 그렇게 팔아야겠다'는 욕구에서 비롯되는 것 같다. 나만 손해볼 수 없다는 심보다.

비슷한 유혹에 시달리는 분들에게 조언을 하자면 세상에 보는 눈이 점점 많아지고 있으니 내야 할 것은 내는 게 마음이 편하다는 것이다.

장기보유특별공제 적용 요건

"10년 이상 보유하고 거주했는데 장기보유특별공제로 80퍼센트까지 공제받을 수 있는 거지요?"

상담을 할 때 장기보유특별공제와 관련해 가장 많이 듣는 질문이다. 이에 대한 답은 1세대 1주택일 경우에만 해당된다는 것이다.

또한 20년을 보유하면 모두가 장기보유특별공제 혜택을 40퍼센트까지 받을 수 있다고 생각하는 경우가 있는데, 1세대 1주택자가 아니면 최대 15년, 30퍼센트까지만 적용이 된다.

임대주택과 관련된 경우를 제외하고 일반적인 경우 장기보유특별공제는 아래와 같이 적용된다.

① 보유 기간이 3년 이상인 국내 소재 토지·건물 및 일정한 조합원 입주권이 대상이다

② 양도 시, 양도차익에 아래 율을 적용한 금액이다.

③ **비사업용 토지도 해당된다.**

1세대 1주택	그 외의 경우
2년 이상 거주한 경우, 보유 기간 × 4% + 거주 기간 × 4% (최대 80%까지 적용 가능)	매년 2%씩 (최대 15년, 30%까지 적용 가능)

입주권 양도 vs 완공 후 양도 세액 비교

얼마 전 재건축 중인 아파트 매매와 관련해 아는 분에게 연락이 왔다.

"지금 입주권을 파는 경우와 완공된 후에 파는 경우 세금이 얼마나 차이가 날까?"

"장기보유특별공제 기간 때문에 차이가 많이 날 것 같은데 상황을 문자로 보내주시겠어요?"

그렇게 파악한 상황은 아래와 같았다.

예상 매도가액 100억 원(청담동 인근 고액 재건축 아파트)
취득가액 17억 원(당초 취득가액 및 추가분담금)
보유 및 거주 기간 보유 기간 10년 이상, 거주 기간 5년
1세대 1주택 요건 완비

입주권도 비과세를 받을 수 있으므로, 양도차익까지는 다를 게 없다. 여기서 차

이가 나는 부분은 장기보유특별공제금액이다.

전체 양도차익을 계산할 때 관리처분계획 인가일을 기준으로 삼아 그 이전의 양도차익에 대해서는 장기보유특별공제를 받을 수 있고, 이후 양도차익에 대해서는 장기보유특별공제를 받을 수 없다.

그런데 이 경우에 장기보유특별공제율이 60퍼센트에 해당하고, 관리처분계획 인가일 이후 양도차익이 훨씬 컸기 때문에 입주권을 양도하는 경우와 완공 후 아파트를 양도하는 경우 세액 차이는 주민세 포함 13억 원에 달했다.

그 지인은 요즘도 가끔 입주권을 사겠다는 사람이 나타날 때마다 연락을 해온다. 그러면 나는 그분에게 이렇게 이야기한다.

"조금만 참으세요. 13억 원을 더 준다고 하는 게 아니면."

관련 법령

입주권 양도와 완공 후 양도 세액 계산

1. 재개발·재건축 등으로 취득한 입주권에 대한 양도차익의 계산(소득세법 시행령 제166조 제1항, 제5항 제1호)

(1) 양도차익의 계산
관리처분계획 인가일 '전'과 '후'로 구분하여 양도차익을 구분한다.

(2) 장기보유특별공제의 적용
① 관리처분계획 인가일 '전'의 양도차익에 대해서는 기존 건물분 취득일부터 관리처분계획 인가일까지 기간에 대해서는 장기보유특별공제를 적용한다.
② 관리처분계획 인가일 '후'의 양도차익에 대해서는 장기보유특별공제를 적

용하지 않는다.

2. 재개발 · 재건축 등으로 신축건물을 양도하는 경우(소득세법 시행령 제166조 제2항)

(1) 양도차익의 계산
관리처분계획 인가일 '전'과 '후'로 구분하여 양도차익을 계산하고 이를 다시 청산금 납부분 양도차익과 기존 건물분의 양도차익으로 구분한다.

(2) 장기보유특별공제의 적용
① 청산금 납부분 양도차익은 관리처분계획 인가일로부터 양도일까지 기간으로 장기보유특별공제를 적용한다.
② 기존 건물분에 대한 양도차익에 대해서는 기존 건물분 취득일부터 양도일까지의 기간으로 장기보유특별공제를 적용한다.

※ 양도차익을 계산함에 있어 청산금을 납부한 경우 또는 지급받은 경우 등에 따라 구체적인 계산 방법은 달라진다.

염지훈 세무사가 알려주는 쉬운 세금 이야기

PART

양도소득세 감면

공익사업용 토지 수용 감면

"토지가 시에 수용됐습니다. 양도소득세 계산을 부탁드립니다."

유튜브 구독자 중에 종종 이런 요청을 해오시는 분들이 있다. 그러면 나는 해당 지번, 수용가액, 수용의 법적 근거를 한꺼번에 확인할 수 있는 토지수용확인원과 취득계약서 등을 보내달라고 한다.

그다음으로 쟁점 지번의 등기부등본을 떼보고 이후 보상 종류가 현금인지, 채권인지 등도 확인한다. 즉, 공익사업용 토지 등에 대한 양도소득세 감면 대상이 맞는지, 맞는다면 감면율이 10퍼센트(현금), 15퍼센트(일반채권), 30퍼센트(3년 이상 만기채권), 40퍼센트(5년 이상 만기채권) 중에서 어느 것에 해당하는지를 확인하는 작업이다. 여기서 농어촌특별세 20퍼센트도 놓치지 말아야 한다.

때로는 자녀들이 보상을 받게 하기 위해 미리 증여를 하는 경우도 있다. 그런데 사업인정고시일로부터 소급하여 2년 이전에 자녀가 취득한 게 아니라면 감면을 받지 못할 뿐만 아니라, 이월 과세에 해당하여 헛수고를 하는 경우가 대부분이다.

따라서 지역 일대가 수용이 되어 큰 보상금이 나올 것 같은 분위기가 조성되면 증여세가 들더라도 미리 미리 자녀 등에게 증여하는 것이 좋다. 만약 부모가 보상금을 받고 그 돈을 증여하려면 큰 금액의 양도세와 증여세를 이중으로 부담할 수 있기 때문이다.

관련 법령

공익사업용 토지 등에 대한 양도소득세의 감면(조세특례제한법 제77조)

요건
① 공익사업, 재개발·재건축, 수용의 발생으로 인해 ② 해당 토지 등이 속한 사업지역에 대한 '사업인정고시일'로부터 소급하여 2년 이전에 취득한 토지 등을 ③ 2026년 12월 31일 이전에 양도함으로써 발생하는 소득

효과
양도소득세의 10%(양도 대금을 일정한 채권으로 받는 경우에는 15%)를 감면한다. 다만, 법률에 따라 협의 매수 또는 수용되어 발생하는 소득으로서 해당 채권을 3년 이상의 만기까지 보유하기로 특약을 체결하는 경우에는 양도소득세의 30%(단, 만기가 5년 이상인 경우에는 40%)를 감면한다.

감면 한도(조세특례제한법 제133조)
매 과세 기간 별로 그 감면은 1억 원을 한도로 하되, 5개 과세 기간을 합하여 2억 원을 초과할 수 없다.

공익사업용 토지 수용 시 환산가액 계산 기준일

토지가 수용되어 양도세를 계산하는 경우, 종종 취득가액을 모르는 경우가 있다. 그럴 경우에는 실제 보상금액을 기준으로 양도 시 및 취득 시 기준시가로 취득가액을 환산하여 결정한다. 그런데 여기서 양도 시 기준시가는 보상금을 수령하기 직전의 개별공시지가와 다를 수 있다. **해당 보상금액과 보상금 산정의 기초가 되는 표준지 개별공시지가의 기준일**을 기준으로 공시된 해당 토지의 개별공시지가를 적용하기 때문이다. 보통의 경우에 상기일은 보상금을 실제 수령하는 때보다 몇 년 더 앞일 수 있으므로, 환산취득가액 계산 시 분모값이 작아져 환산취득가액은 더 커질 수 있다.

> **관련 판례**
>
> **(서면-2016-부동산-4026 [부동산납세과-1498] 2016. 09. 29.)**
>
> 협의 매수·수용되는 토지의 환산취득가액을 계산할 때 양도 당시 기준시가는 보상금 산정의 기초가 되는 표준지 개별공시지가의 기준일을 기준으로 공시된 토지의 개별공시지가를 적용하여 소득령 제164조 제9항에 따라 산정하는 것임.

자경농지에 대한 감면 요건

세무서에서 근무할 때 8년 자경으로 인한 감면 신청이 자주 들어왔다. 일명 재촌, 자경농지 건으로, 감면 요건은 아래와 같다.

첫째, 재촌해야 한다.
① 농지가 소재하는 시·군·구이거나
② ①의 지역과 연접하거나
③ 해당 농지로부터 직선거리로 30km 이내의 지역이어야 한다.

🔍 직선거리 측정 방법

해당 농지로부터 직선거리 30km 이내의 지역이라 함은 거주지에서부터 농지 소재지까지

두 점을 '직선'으로 연결한 가장 짧은 거리로서 30km 이내의 지역을 말하는 것이다(서면 5팀-973, 2008. 5. 2.)

직선거리를 측정할 때 네이버지도나 카카오맵 등을 활용하면 해당 농지부터 거주하는 주소지까지의 거리를 확인할 수 있다.

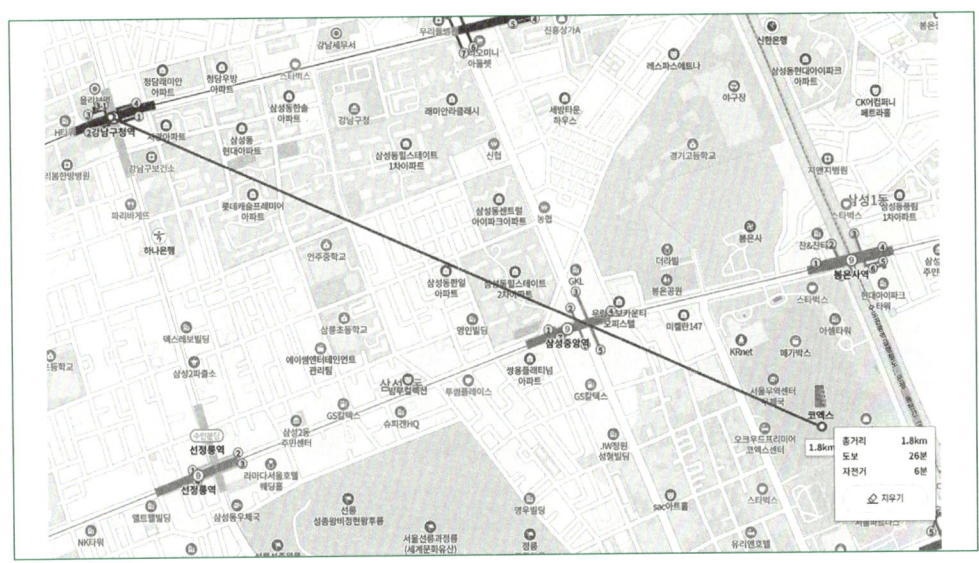

'거리' 재기를 통해 두 주소를 찍어보면 직선거리를 잴 수 있다. 네이버지도를 통해 강남구청역에서 코엑스까지의 거리를 직접 재보았다.

둘째, 양도자가 8년 이상 농지 소재지에 거주하면서 경작해야 한다. 이때 경작 기간을 계산할 때 경작자의 사업소득금액이나 총 급여가 연 3천7백만 원 이상인 해는 경작 기간에서 제외한다(업종별 총 수입금액 기준 또한 존재).

이때 실제 경작했는지를 입증하기 위해서 실무적으로 ① 농기구 및 농작물 구매내역, 농작물 판매 내역, ② 주변 이웃들의 자경확인서 ③ 농지원부 등을 확인한다. 또한 세무서에서는 위성사진을 통해서 과거 농지의 실제 사용 현황을 검증할 수 있다.

셋째, 양도일 현재 농지여야 한다. 만약 주거, 상업, 공업 지역으로 편입 후 3년이 경과되면 실제 재촌, 자경했다고 하더라도 자경 감면을 받을 수 없다.

감면은 무한정 받을 수 있는 것은 아니며 1년에 1억 원, 5년 내 2억 원까지 받을 수 있다. 즉, 2년 연속 1억 원씩도 감면받을 수 있다. 한때 이 규정을 이용해 토지를 분할하거나 지분을 쪼개 2년에 걸쳐 양도하여, 1년에 1억 원이 아닌 2년에 걸쳐 2억 원의 감면을 받는 사람들이 있었다. 현재는 그러한 경우에는 한 해에 양도한 것으로 본다는 규정이 신설됐다.

관련 법령

조세특례제한법 제133조 【양도소득세 및 증여세 감면의 종합 한도】

② 제1항 제1호를 적용할 때 토지를 분할(해당 토지의 일부를 양도한 날부터 소급하여 1년 이내에 토지를 분할한 경우를 말한다)하여 그 일부를 양도하거나 토지의 지분을 양도한 후 그 양도한 날로부터 2년 이내에 나머지 토지나 그 지분의 전부 또는 일부를 동일인이나 그 배우자에게 양도하는 경우에는 1개 과세 기간에 해당 양도가 모두 이루어진 것으로 본다.

염지훈 세무사가 알려주는 쉬운 세금 이야기

PART

양도소득세 신고

양도소득세 신고서 작성 시 필요 서류

"양도세 신고 좀 부탁드립니다."

이따금 가까운 지인 및 유튜브 구독자들로부터 양도세 신고서 작성을 의뢰받는다. 그리고 어떤 서류를 준비해야 하는지 묻는데, 이에 대한 답은 모두가 똑같지 않다. 일반적으로 아파트, 상가를 양도하는 경우를 예로 들면 다음과 같다.

① 양도계약서 ② 취득계약서(분양계약서의 경우, 옵션 비용 일체)
③ 취득세납부내역서(법무사 비용) ④ 취득·양도 중개수수료
⑤ 소송비용 등 부동산 취득과 관련된 비용 ⑥ 인테리어 비용 등 자본적 지출 내역
⑦ 소득세 계산 시 감가상각비 계상한 경우, 장부상 감가상각비 계상액

※ 상기 내역 등에 대해 세금계산서, 현금영수증이 없다면 금융 이체 내역

양도소득세 과세 대상

토지나 건물 외에도 양도소득세 과세 대상은 참으로 많다. 분양권, 조합원 입주권과 같은 부동산에 관한 권리도 양도소득세 과세 대상이다. 또한 지금까지 살펴본 토지·건물·부동산에 관한 권리와 함께 양도하는 영업권, 골프 회원권 등 특정 시설물 이용권도 양도세 과세 대상이다. 비상장주식, 해외주식도 양도세 과세 대상인데 주식은 양도세율이 다르므로 세율표를 보고 세율 적용을 유의해야 한다.

상장주식의 경우 장외에서 거래하거나 대주주 요건을 충족하는 경우에만 예외적으로 양도소득세를 내는데 대주주 요건은 양도일이 속하는 사업연도의 직전 사업연도 종료일을 기준으로 결정되므로 연말에 유독 바빠지는 분들이 있다. 대주주 요건을 회피하기 위해 연말에 급히 매물을 내놓고 빠지는 경우가 있기 때문이다. 그러다 다음 해 초에 또다시 매수를 하는 행태도 보인다. 그 결과가 주가에 영향을 미치는 것은 물론이다.

관련 법령

주식의 과세 범위

1. 양도소득세 과세 대상이 되는 상장주식 및 비상장주식의 범위(소득세법 제94조 제1항 제3호)

(1) 주권상장법인의 주식
① 대주주가 양도하는 주식
② 대주주에 해당하지 아니하는 자가 장외거래를 통해 양도하는 일정한 주식

(2) 비상장법인의 주식
비상장법인의 주식의 양도는 양도소득세 과세 대상이 된다.

2. 소득세법상 대주주의 범위(소득세법 시행령 제157조 제4항)

다음 ①과 ② 중 어느 하나에 해당하는 자는 대주주가 된다.
① 주주 1인이 양도일이 속하는 사업연도의 직전 사업연도 종료일 현재 소유 주식의 비율이 1% 이상인 경우(해당 주주 1인과 특수관계인의 소유 주식 비율 합계가 주주 중 최대인 경우로서 1% 이상인 경우에도 포함, 코스피 1%, 코스닥 2%, 코넥스 4% 기준으로 적용)
② 양도일이 속하는 사업연도의 직전 사업연도 종료일 현재 주주 1인이 소유하고 있는 해당 법인의 주식 등의 시가총액이 50억 원 이상인 경우(해당 주주 1인과 특수관계인의 소유 주식 비율 합계가 주주 중 최대인 경우로서 시가총액이 50억 원 이상인 경우에도 포함, 코스피, 코스닥, 코넥스 모두 50억 원 이상 기준으

로 적용)

※ 요약(소득세법상 대주주의 기준)

구분	지분율 기준	시가총액 기준
코스피	1% 이상	50억 원 이상
코스닥	2% 이상	
코넥스	4% 이상	

양도가액 계산 시 토지와 건물의 안분

올해 법무사로 개업한 법원사무관 출신 형에게서 어느 날 전화가 왔다. 아는 사람의 부동산매매계약서를 함께 작성하고 있는데, 토지, 건물가액을 어떻게 작성하는 게 좋은지 물어보려는 것이었다.

상가를 부가세 포함 100억 원에 일괄 공급하기로 한 경우인데, 건물가격을 얼마로 하느냐에 따라서 세금계산서 공급가액이 바뀌고 그렇게 되면 납부할 세액도 달라진다. 형의 지인은 내심 토지의 가치를 높여서 부가세를 적게 내고 싶은 마음인 것 같았다. 차라리 처음부터 부가세 별도로 계약을 했다면 이런 고민을 할 필요도 없었을 것이다.

이 경우, 통상 계약서에 토지와 건물가액이 구분 기재되어 있지 않다면, 감정평가액→기준시가 순으로 총 금액을 안분계산한다. 그런데 이 경우 감정평가는 받지 않았고, 기준시가로 계산하면 건물이 10억 원, 토지가 40억 원인 상황이었다. 따라서 이런 경우에 기준시가로 안분하면 다음과 같은 결과가 나온다.

- 건물 공급가액 = 100억 원 × 10억 원 / (40억 원 + 11억 원) = 1,960,784,313원

여기서 구분 기재된 건물가액이 위 기준시가 비율로 환산한 금액에서 30퍼센트 이상 벗어난다면 기준시가로 환산한 금액으로 다시 돌아가야 하니 유의해야 한다. 따라서 1,960,784,313원의 70퍼센트 수준인 1,372,549,100원 정도를 건물 공급가액으로 산정하면 된다.

관련 법령

토지와 건물 등을 함께 양도하는 경우의 안분계산 (소득세법 제100조)

토지와 건물 등을 일괄 공급하는 경우 그 가액이 실지거래가액으로 구분이 된다면 해당 실지거래가액으로 하는 것이지만, 그 가액의 구분이 불분명하거나 안분계산 방법에 따라 계산한 금액과 30% 이상 차이가 나는 경우에는 안분계산 방법에 따라 계산한 금액으로 구분하도록 한다.

안분의 원칙

① 가액의 구분이 분명한 경우: 양도가액, 취득가액을 실지거래가액에 따라 각각 구분하여 산정한다. 공통되는 취득가액과 양도 비용은 해당 자산의 가액에 비례하여 안분계산한다.

다만, 실지거래가액이 구분된다고 하더라도 그 실지거래가액으로 구분한 금액과 아래의 안분계산 방법에 의한 가액이 30% 이상 차이가 나는 경우에는 실지거래가액으로 구분한 금액이 아닌 안분계산에 의한 방법으로 구분한다.

2025년 세법 개정안 통과 시 납세자가 구분한 토지·건물가액을 인정할 만한 일정한 사유(예를 들어, 다른 법령에서 양도가액을 정하는 경우 등)가 있다면 안분계산을 제외한다.

② 가액의 구분이 불분명한 경우: 토지와 건물을 함께 양도하면서 그 가액의 구분이 불분명한 경우에는 부가가치세법 시행령 제64조 제1항에 따라 안분계산한다.

※ 다음의 순서에 의하여 안분계산한다.
 i. 감정가액: 토지와 건물에 대한 감정가액이 있는 경우에는 그 가액에 비례하여 안분계산한다.
 ii. 기준시가: 토지와 건물에 대한 기준시가가 모두 있는 경우에는 그 기준시가에 비례하여 안분계산한다. 단, 어느 하나 또는 모두 기준시가가 없는 경우에는 장부가액(없으면 취득가액)에 비례하여 안분계산한 후 기준시가가 있는 자산에 대해서는 다시 기준시가에 의하여 안분계산한 금액으로 한다.

양도차익이 예상될 때 할 수 있는 일

예전에 내가 모시던 상사에게 집이 두 채가 있었다. 부부가 월급을 모아 1~2억 원 상당의 부동산을 샀는데, 두 채 모두 양도차익이 5~6억 원에 이르는 상황이었다. 그중에 한 채를 팔아야 했는데, 당시 다주택 중과제도가 있었던 때인지라 세금이 2억 원 정도 나오는 상황이었다. 그럼에도 불구하고 집을 팔아서 현금을 확보해야 했기에 이분은 양도차손을 활용했다. 같은 해에 부동산을 2회 이상 양도하면 합산해서 신고해야 하는 규정이 있다. 물론 비과세 신고분에 대해서는 합산하지 못하지만, 한 개는 양도차손, 나머지 한 개는 양도차익이 나는 경우라면 두 개를 합산해서 신고할 수 있는 것이다.

이분은 양도차익 5억 원이 발생하는 순간, 오래 전에 사기당한 지방 토지 매입 건을 꺼내들었다. 뭐에 씌였는지 좋은 토지라는 말에 2억 원 이상의 대출까지 받아가며 지방에 있는 땅을 구입했던 것인데, 이번에 이 지방 토지를 2억 원 이상 싸게 팔면서 양도차손을 활용한 것이다. 비록 2억 원은 손해를 봤지만, 양도차익 2억 원을 낮춤으로써 1억 원의 세금을 줄일 수 있었다.

일 년에 두 건 이상 양도하면?

세무서에서 근무할 때 일 년에 두 건 이상의 부동산을 양도하면서 각각을 예정신고 한 뒤 신고 의무를 다했다고 생각하는 사람들을 종종 만났다. 일 년에 두 건 이상 매매가 일어날 경우 합산해서 신고를 해야 한다는 규정을 몰라서 생기는 실수이다.

그래서 양도소득세 신고서에 기신고 양도소득금액이라는 부분이 있다. 이는 증여세 신고 시 10년 이내에 동일인으로부터 사전증여받은 재산이 있는지를 확인하게 하고, 있다면 공제 및 세율 적용 시 합산하는 것과 흡사한 장치이다. 또한 같은 해 두 곳 이상의 근무처에서 이중 근로가 발생한 경우에 합산 신고하는 것과도 비슷한데, 모두의 경우 이를 놓쳐 실수하기 쉽고, 결국 그 실수가 가산세 부담으로 이어진다는 공통점이 있다.

세무서에서는 이를 방지하기 위해 이듬해 5월에 양도소득세 확정신고 안내를 하는 경우가 있다. 그러나 이러한 안내가 없더라도 일 년에 두 건 이상 매매를 한다면 합산해서 신고를 해야 한다. 물론 두 번째 양도 건에 대한 예정신고를 할 때, 첫 번째 양도 건에 대한 양도소득금액을 합산한다면 별도의 신고를 할 필요가 없다.

관련 법령

일 년에 두 건 이상 양도하는 경우
양도소득세의 예정신고(소득세법 제107조 제2항 제1호)

해당 과세 기간에 '누진세율' 적용 대상 자산에 대한 예정신고를 2회 이상 하는 경우로서 거주자가 이미 신고한 양도소득금액과 합산하여 신고하려는 경우에는 예정신고 산출세액은 각각의 양도소득금액을 합산한 금액에서 기본공제를 한 번 차감한 금액에 대해 누진세율을 적용한 뒤, 기납부한 예정신고 산출세액을 차감한 금액으로 한다.

예정신고 산출세액 = [(A + B − C) × 누진세율] − D

A: 기신고 양도소득금액

B: 이후 신고 양도소득금액

C: 양도소득기본공제(2,500,000원)

D: 기신고 양도소득금액에 대한 산출세액

이렇게 예정신고를 하는 경우에는 양도소득세 확정신고 의무가 없지만, 예정신고를 하였으나 위와 같은 방법으로 합산하지 아니한 경우에는 다음 해 5월 31일까지 양도소득세 확정신고를 진행하여야 한다.

※ 위의 산출세액은 토지, 건물, 부동산 등에 대한 권리에 한하여 적용되는 것이고 주식 등의 양도에 대해서는 계산 방법이 다를 수 있으니 유의해야 한다.

개인지방소득세와 농어촌특별세

"이건 또 뭐예요? 세금을 또 내요?"

세무서에서 근무할 때, 양도소득세 신고서를 접수하러 오신 분들에게 편의상 개인지방소득세 납부서를 드리면 깜짝 놀라신다. 개인지방소득세는 양도소득세와 함께 움직이며, 납부할 세액의 10퍼센트에 해당한다. 양도소득세의 법규정을 그대로 갖고 왔기 때문에 홈택스에서 양도소득세를 전송하고, 위택스로 넘어가서 그대로 개인지방소득세 신고까지 할 수 있다.

또한 특정한 감면을 제외하고는 감면세액의 20퍼센트를 농어촌특별세로 납부해야 한다. 따라서 백 퍼센트 감면을 적용받는다 하더라도 농어촌특별세는 발생할 수 있다. 꼼꼼하게 신고해서 감면받는 세액 자체를 낮추는 것이 농어촌특별세 부담을 줄이는 방법이다.

비사업용 토지 세액 계산 사례

8년 자경 감면 적용 여부를 고민하다가 포기하는 분들에게 그로 인해 발생하게 될 세액을 계산해드리면 깜짝 놀란다. 8년 자경만 배제되는 것이 아니라, 비사업용 토지까지 해당되어 세율이 10퍼센트가 늘어 생각보다 더 많은 세금을 내야 하는 일이 생기기 때문이다.

관련 법령

비사업용 토지 세액 계산 사례

취득가액 5억 원, 양도가액 10억 원, 15년 이상 보유한 토지를 양도하는 경우를 가정하여 사업용 토지인 경우와 비사업용 토지인 경우로 구분하여 산출세액을 계산해보면 다음과 같다.

구분	사업용 토지인 경우	비사업용 토지인 경우
양도가액	10억 원	10억 원
취득가액	4억 원	4억 원
양도차익	6억 원	6억 원
장기보유특별공제	1.8억 원(6억 원 × 15년 × 2%)	1.8억 원(6억 원 × 15년 × 2%)
양도소득금액	4.2억 원	4.2억 원
기본공제	0.025억 원	0.025억 원
과세표준	4.175억 원	4.175억 원
세율	40%(누진공제 2,594만 원)	50%(누진공제 2,594만 원)
산출세액	1.41억 원	1.82억 원

비사업용 토지는 지목의 특성에 맞게 사용하지 않을 경우 세율에 불이익을 주겠다는 취지로, 비사업용 토지로 분류되지 않으려면 농지에서는 재촌과 자경 상태여야 하고, 임야에서는 재촌 상태여야 하며, 대지는 재산세 부과 시 종합합산과세대상토지가 아닌 상태여야 한다. 그리고 모든 경우에 이러한 상태가 아래 기간 기준을 충족해야 한다(다음 중 하나를 충족하면 됨).

① 양도일 직전 3년 중 2년 이상 사업용으로 사용
② 양도일 직전 5년 중 3년 이상 사업용으로 사용
③ 전체 보유 기간 중 60% 이상 사업용으로 사용

위 기준에 미달한다 해도 비사업용 토지로 보지 않는 경우도 있으니, 꼼꼼히 챙기자.

관련 법령

비사업용 토지로 보지 않는 토지(소득세법 시행령 제168조의 14)

다음 각 호의 어느 하나에 해당하는 토지는 비사업용 토지로 보지 않는다(예시).

① 피상속인이 8년 이상 재촌·자경한 배우자, 직계비속이 상속받은 일정한 토지

② 증여인이 8년 이상 재촌·자경한 배우자, 직계비속이 증여받은 일정한 토지

③ 사업인정고시일로부터 5년 이전에 취득한 일정 법률에 따라 협의 매수·수용된 토지

④ 종중이 소유한 농지로서 2005년 12월 31일 이전에 취득한 것

⑤ 상속에 의해 취득한 농지로서 상속 개시일로부터 5년 이내에 양도하는 농지

저가 양도:
부당행위계산 부인

상담 전화를 받다 보면 저가 양도에 대한 문의가 매우 많다. 여러 유튜브 채널에서 저가 양도를 통해 부모가 자식에게 부동산을 이전하는 방식을 적극 권하는데, 최대 3억 원까지 적게 받아도 증여세가 부과되지 않는다는 점을 강조한다.

저가 양도의 문제점에 대해서는 이미 한 차례 증여세 편에서 설명을 한 바 있다. 저가 양도를 하더라도 양도가액은 시가에 맞게 신고해야 한다는 사실을 잊어서는 안 된다. 즉, 특수관계인 간의 거래이며 시가와 거래가액의 차이가 3억 원 이상이거나 시가의 5퍼센트 이상이라면 부당행위계산 부인 대상에 해당하니 유의해야 하며, 취득세에도 저가양도에 따른 부당행위계산 부인 규정이 있으니 이 또한 고려해야 한다.

관련 법령

양도소득의 부당행위계산 부인(소득세법 제101조, 소득세법 시행령 제167조)

적용 요건
특수관계인으로부터 시가보다 높은 가격으로 자산을 매입하거나, 시가보다 낮은 가격으로 자산을 양도하는 경우 등으로서 시가와 거래가액의 차액이 3억 원 이상이거나 시가의 5%에 상당하는 금액 이상인 경우

적용 효과
부당행위계산 부인이 적용되는 경우 양도소득금액을 계산할 때, 그 양도가액이나 취득가액은 '시가'에 의하여 계산한다.

사례 아버지가 자녀에게 시가 10억 원인 아파트를 6억 원에 저가양도하는 경우 양도소득세의 계산

> **양도가액** 6억 원
> **취득가액** 3억 원
> **기타 경비** 없는 것으로 가정
> **취득 시기** 2014년 7월 1일
> **양도 시기** 2024년 12월 31일

(1) 부당행위계산 부인 요건 판단
① |시가 - 거래가액| = 10억 원 - 6억 원 = 4억 원
② 4억 원 ≥ min[3억 원, 시가(10억 원) × 5%]이므로 부당행위계산 부인 대상에 해당함

(2) 양도가액은 시가인 10억 원으로 하여 양도소득세를 계산

양도가액 10억 원(부당행위계산 부인 적용)

취득가액 3억 원

양도차익 7억 원

장기보유특별공제 1.4억 원(10년 보유 × 2% = 20%)

양도소득금액 5.6억 원

기본공제 0.025억 원

과세표준 5.575억 원

산출세액 1.98억 원

지방세법 제10조의 3 【유상승계 취득의 경우 과세표준】

② 지방자치단체의 장은 특수관계인 간의 거래로 그 취득에 대한 조세 부담을 부당하게 감소시키는 행위 또는 계산을 한 것으로 인정되는 경우(이하 이 장에서 '부당행위계산'이라 한다)에는 제1항에도 불구하고 시가 인정액을 취득당시가액으로 결정할 수 있다.

③ 부당행위계산의 유형은 대통령령으로 정한다.

지방세법 시행령 제18조의 2 【부당행위계산의 유형】

법 제10조의 3 제2항에 따른 부당행위계산은 특수관계인으로부터 시가 인정액보다 낮은 가격으로 부동산을 취득한 경우로서 시가 인정액과 사실상 취득가격의 차액이 3억 원 이상이거나 시가 인정액의 100분의 5에 상당하는 금액 이상인 경우로 한다.

국세청 아는형이 알려주는

**가장 완벽한
세금 절세의 기술**

감사의 글

책머리에서 감사함을 미처 표현 못한 분들에게 이 자리를 빌려 인사를 전합니다.

무려 8만 명으로 성장한 〈국세청 아는형〉 구독자님들.

퇴사 직전까지 함께했던 종국이 형, 동찬이 형 이하 강남세무서 재산세과 직원들, 그밖에 나의 퇴직과 개업을 진심으로 축하해주신 강남세무서 직원분들.

이름을 하나하나 열거하기엔 너무 많은 나의 재산목록 1호 국세청 선후배님들, 특히 항상 존경하는 병만 과장님, 종숙 누님 이하 강서조사모임, 양천 재산 이형용 계장님, 중성이 형, 승식이 형, 명훈이 외 팀원들, 역삼 법인 김홍렬 세무사님, 엄태철 세무사님, 태진이 형 외 팀원들, 김봉수 세무사님, 김진수 세무사님 이하 지천회 회원님들, 능력이 넘치는 1국 반장모임, 모두 어엿한 세무사가 된 2국 멤버들.

등사니 회원들, 민휘랑 아이들, 주영, 지혜, 경진, 해인, 묘환, 병진, 나연, 원영.

가족모임 염정연 외 12인, 99년 입사 9급 동기들, 03년 입사 7급 동기들.

〈국세청 아는형〉 문PD, 최인순 세무사님, 최형석, 임수정 세무사, 이주연 회계사.

건국대학교 부동산대학원(건부대) 정진희 교수님 외 건부자동아리 회원들, 건부대 74호랑이모임, 건부대 38기 동기 및 건부대 건설개발 38기 동기들, 건부대 4조 모임, 건부대 국민대 모임, 건부대 88회 형들, 건국대 공무원 모임, 일감호, 건부니스, 건부런.

경기도 중소기업 CEO연합회 72명의 회원님들.

태안장학회 이춘수 회장님 이하 회원님들.

강서 청소년문화발전위원회 서신원 회장님 이하 회원님들.

나의 소울메이트 남성건 세무사, 언제나 든든한 이상혁 세무사.

나원주, 서미영, 조현철 세무사, 손정욱, 승진이 형과 성민, 성만 가족들.

늘 환대해 주시는 신천생태 사장님, 청담동 대림옥 사장님, 마루의 제왕 이담마루 홍정무 대표(흥하세요!).

우리 아버지의 안위를 책임지고 있는 화곡동 요안나요양원 식구들.

너무나 감사한 송파제일병원 염승훈 원장님 외 나의 기장 고객님들.

우리 아이들 어린시절을 함께 한 성민이네, 하은이네, 형찬이네, 나연, 지우네.

내 어린시절 유일한 화곡동 친구들 철, 경진, 준홍, 민섭, 광우.

큰형, 작은형 그리고 형수들과 조카들.

처갓집 처형 내외, 형님 내외, 조카들, 무한 응원해주시는 처 이모님들.

가현세무법인 최인용 대표님 및 대표 세무사님들, 부족한 대표를 믿고 따라주는 가현세무법인 화성 지점 식구들 감사드립니다.

[부록1: 금전차용증서]

금전차용증서

채무자	성 명		생년월일	
	주 소			
채권자	성 명		생년월일	
	주 소			

차용금액	일금_____원정 (₩_____)		
이 자		상환방법	
차용일자	20 년 월 일	상환일자	20 년 월 일

위와 같이 채무자는 채권자로부터 다음과 같은 조건으로 차용한 것을 확인한다.

다 음

1. 이자는 매월 00일까지 채권자가 지정하는 아래 은행으로 송금하도록 한다.
   (00은행, 채권자명, 계좌번호)
2. 원금은 20 년 월 일까지 전액 변제한다. 단, 상호합의에 따라 연장할 수 있다.
3. 담보 및 연대보증인은 없는 것으로 한다.
4. 만일 이자를 00월 이상 연체한 경우에는 채무자의 전 채무는 기한의 이익을 상실하고 채권자의 청구즉시 전 채무를 현금으로 변제한다.

위와 같이 채무자는 차용사항을 확약하고, 이 금전차용증서를 작성하여 채권자에게 교부합니다.

20 년 월 일

채무자 : _____(인)

연락처 :

[부록2: 주택취득자금 조달 및 입주계획서]

■ 부동산 거래신고 등에 관한 법률 시행규칙 [별지 제1호의3서식] <개정 2022. 2. 28.>

주택취득자금 조달 및 입주계획서

※ 색상이 어두운 난은 신청인이 적지 않으며, [ ]에는 해당되는 곳에 √표시를 합니다. (앞쪽)

접수번호		접수일시		처리기간	
제출인 (매수인)	성명(법인명)			주민등록번호(법인·외국인등록번호)	
	주소(법인소재지)			(휴대)전화번호	

① 자금 조달계획	자기 자금	② 금융기관 예금액	원	③ 주식·채권 매각대금	원
		④ 증여·상속	원	⑤ 현금 등 그 밖의 자금	원
		[ ] 부부 [ ] 직계존비속(관계:) [ ] 그 밖의 관계( )		[ ] 보유 현금 [ ] 그 밖의 자산(종류:)	
		⑥ 부동산 처분대금 등	원	⑦ 소계	원
	차입금 등	⑧ 금융기관 대출액 합계	주택담보대출		원
			신용대출		원
			그 밖의 대출	(대출 종류:)	원
		원			
		기존 주택 보유 여부 (주택담보대출이 있는 경우만 기재) [ ] 미보유 [ ] 보유 (건)			
		⑨ 임대보증금	원	⑩ 회사지원금·사채	원
		⑪ 그 밖의 차입금	원	⑫ 소계	
		[ ] 부부 [ ] 직계존비속(관계:) [ ] 그 밖의 관계( )			원
	⑬ 합계				원

⑭ 조달자금 지급방식	총 거래금액	원
	⑮ 계좌이체 금액	원
	⑯ 보증금·대출 승계 금액	원
	⑰ 현금 및 그 밖의 지급방식 금액	원
	지급 사유 ( )	

⑱ 입주 계획	[ ] 본인입주 [ ] 본인 외 가족입주 (입주 예정 시기: 년 월)	[ ] 임대 (전·월세)	[ ] 그 밖의 경우 (재건축 등)

「부동산 거래신고 등에 관한 법률 시행령」 별표 1 제2호나목, 같은 표 제3호가목 전단, 같은 호 나목 및 같은 법 시행규칙 제2조제6항·제7항·제9항·제10항에 따라 위와 같이 주택취득자금 조달 및 입주계획서를 제출합니다.

년 월 일

제출인 (서명 또는 인)

시장·군수·구청장 귀하

210mm×297mm[백상지(80g/㎡) 또는 중질지(80g/㎡)]

[부록3: 상속재산분할협의서]

상속재산 분할협의서

2024년 1월 1일 _____에서 망 OOO 의 사망으로 인하여 개시한 상속에 있어서 공동상속인 AA, BB, CC, DD 는 상속재산에 대하여 다음과 같이 분할하기로 협의한다.

상 속 재 산 목 록

1. 피상속인 망 OOO 의 부동산에 대해서는 아래와 같이 분할 한다.

부동산소재지	면적	분할받는 자 (지분비율 표기)			
		AA	BB	CC	DD
-----동 소재 아파트	84.65㎡	25%	25%	25%	25%
-----동 소재 아파트	143.62㎡	-	-	50%	50%

2. 피상속인 망 OOO 의 예금 및 보험금에 대해서는 아래와 같이 분할 한다.

금융기관	계좌번호	잔액	분할받는 자			
			AA	BB	CC	DD
----은행			25%	25%	25%	25%
----은행			25%	25%	25%	25%

3. 피상속인 망 OOO 의 채무 및 장례비는 같이 분할 한다.

구분	평가가액	분할받는 자			
		AA	BB	CC	DD
금융채무		25%	25%	25%	25%
임대보증금		25%	25%	25%	25%
장례비		25%	25%	25%	25%

위 협의를 증명하기 위하여 이 협의서 4통을 작성하고 아래와 같이 기명 날인하여 각자 1통씩 소지한다.

2024. 5.   .

공동상속인 : AA   (인)
주   소 :

공동상속인 : BB   (인)
주   소 :

공동상속인 : CC   (인)
주   소 :

공동상속인 : DD   (인)
주   소 :

※ 상기 재산분할협의서는 상속세 신고용으로, 부동산 등기 시에는 법무사와 상의 하시기 바랍니다.

[부록4: 상속재산 및 사전증여재산 확인 신청서 및 위임장]

상속재산 및 사전증여재산 확인 신청서

| 관리번호 | - | | | | 처리기간 7일 |

상속재산 및 상속세 합산대상 사전증여재산 확인을 위해서는 신청인과 피상속인의 주민등록번호를 포함한 개인정보의 수집·이용 제공에 동의하여야 하며 이를 원하지 않을 경우 정보 제공이 불가능합니다.

신청인 (상속인)	① 성 명		② 주민등록번호	
	③ 피상속인과의 관계		④ 관계증명서류	[ ] 제출 [ ] 미제출
	⑤ 전화번호 (자택)		(휴대전화)	
	⑥ 주 소		⑦ 전자우편	

※ 상속재산 및 상속세 합산대상 사전증여재산 확인 신청은 민법상 1순위 상속인(사망자의 직계비속·배우자) 중 상속인들의 동의를 받은 상속인에 한해 신청할 수 있으며, 1순위가 없을 경우에는 2순위 상속인(사망자의 직계존속, 배우자), 1·2순위가 없는 경우에는 3순위 상속인(형제·자매), 1·2·3순위가 없는 경우에는 4순위 상속인(4촌 이내의 방계혈족) 순으로 상속인들의 동의를 받은 상속인에 한해 신청 가능

피상속인	⑧ 성 명		⑨ 주민등록번호	
	⑩ 주 소		⑪ 상속개시일	

| 신청대상 | ⑫ [ ] 상속재산 및 상속세 합산대상 사전증여재산 |
| 제공대상 | ⑬ [ ] 신청인에게만 제공   [ ] 상속인 전부에게 제공 |

· 상속세 신고를 위한 도움자료 성격이므로 동 서비스를 통해 제공되지 않은 상속재산도 세법에 따라 빠짐없이 상속세를 신고·납부하시기 바라며, 신청인(세무대리인 포함)은 이 건으로 취득한 상속재산 및 상속세 합산대상 사전증여재산 조회 결과를 상속세 신고 목적 외 용도로 사용해서는 안 됩니다.

본인은 상기 유의사항에 대해 확인하였으며, 상속재산 및 상속세 합산대상 사전증여재산 자료 제공을 신청합니다.

년 월 일

신 청 인   (서명 또는 인)

세무서장 귀하

| 신청인 제출서류 | 1. 신청인의 신분증(주민등록증, 운전면허증, 여권)
2. 상속재산 및 상속세 합산대상 사전증여재산 확인 신청 상속인 위임장, 상속인의 위임의사를 확인할 수 있는 서류*
  * 상속인의 신분증(사본)
3. 대리인이 신청하는 경우 위임장, 위임인의 위임의사를 확인할 수 있는 서류, 위임받은 사람의 신분증
  * 위임자의 신분증(사본)
4. 가족관계증명서 등 피상속인과의 관계증명서류 | 수수료 없음 |

개인정보 수집·이용에 대한 동의 (개인정보보호법 제24조)

(수집·이용목적) 상속재산 및 상속세 합산대상 사전증여재산 정보제공, 피상속인과의 관계 확인 등 (보유·이용기간) 30년
(수집대상 고유식별정보) 주민등록번호, 외국인등록번호, 여권번호 등

☐ 본인은 개인정보 제공에 동의합니다.   ☐ 본인은 개인정보 제공에 동의하지 않습니다.

※ 동의를 거부할 권리가 있으며, 동의를 거부할 경우 상속재산 및 상속세 합산대상 사전증여재산 확인 신청을 할 수 없음을 양지하여 주시기 바랍니다.

신청인   (서명 또는 인)

【 별지 33호 서식의 부표 】

상속재산 및 사전증여재산 확인 신청 상속인 위임장

신청인 (위임받는 자)	성 명		주민등록번호	
	연락처		피상속인과의 관계	
피상속인	성 명		주민등록번호	
			상속개시일	
신청인 외 상속인 (위임자)	성 명		주민등록번호	
			피상속인과의 관계	
	성 명		주민등록번호	
			피상속인과의 관계	
	성 명		주민등록번호	
			피상속인과의 관계	
	성 명		주민등록번호	
			피상속인과의 관계	
	성 명		주민등록번호	
			피상속인과의 관계	

상기 피상속인에 대한 **상속재산 및 상속세 합산대상 사전증여재산 자료 제공 신청**에 관한 권한을 신청인에게 **위임합니다.**

년   월   일

위 임 자   (서명 또는 인)
                  (서명 또는 인)
                  (서명 또는 인)
                  (서명 또는 인)
                  (서명 또는 인)

세무서장 귀하

[부록5: 현금 증여계약서]

현금 증여계약서

증여자 ○○○(이하 "갑"이라 한다)와 수증자 ○○○(이하 "을"이라 한다)는 아래와 같이 증여계약을 체결한다.

제 1 조 [목 적]
　　본 계약은 "갑"이 소유한 현금(예금)을 무상으로 "을"에게 증여하고 이에 관련된 사항을 정함을 목적으로 한다.

제 2 조 [증여시기]
　　"갑"은 "을"에 대해 20 년 월 일까지 일금＿＿＿＿＿원정 (₩＿＿＿＿＿)의 현금(예금)의 증여를 완료한다.

제 3 조 [증여방법]
　　제2조의 증여는 "갑"의 실명계좌에서 "을"의 실명계좌로 이체하는 방법으로 한다.

제 4 조 [비용부담]
　　"갑"이 "을"에게 현금(예금)을 증여하기 위한 모든 비용은 "을"의 부담으로 한다. 단, "갑"은 본 현금의 증여와 관련하여 "을"에게 어떠한 유상의 대가를 청구하지 아니하며 무상으로 증여를 하도록 한다.

제 5 조 [계약의 변경]
　　본 계약의 일부 또는 전부를 변경할 필요가 있을 때에는 "갑"과 "을"의 서면동의에 의거하여 변경할 수 있다.

제 6 조 [계약의 해제]
　　"을"이 증여에 필요한 비용을 부담하지 않거나 기타 계약의 해제가 필요하다고 판단되는 경우에는 "갑"은 본 계약을 해제할 수 있다.

위와 같이 계약을 체결하고 계약서 2통을 작성, 서명 날인 후 "갑"과 "을"이 각각 1통씩 보관한다.

계약일자 : 20 년 월 일

(갑) 주 민 번 호 :　　　　　　　　　　(을) 주 민 번 호 :
　　　성　　　　명 :　　　(인)　　　　　성　　　　명 :　　　(인)
　　　연　락　처 :　　　　　　　　　　　연　락　처 :

국세청 아는형이 알려주는

가장 완벽한
세금 절세의 기술

국세청 아는형이 알려주는
가장 완벽한 세금 절세의 기술

초판 1쇄 인쇄 ｜ 2024년 9월 26일
초판 2쇄 발행 ｜ 2024년 10월 20일

지은이 ｜ 염지훈, 최승혁

발행인 ｜ 정병철
발행처 ｜ ㈜이든하우스출판
등 록 ｜ 2021년 5월 7일 제2021-000134호
편 집 ｜ 신원제
디자인 ｜ 스튜디오41
투 자 ｜ 김준수
자 문 ｜ 장하일

주 소 ｜ 서울시 마포구 양화로 133 서교타워 1201호
전 화 ｜ 02-323-1410
팩 스 ｜ 02-6499-1411
이메일 ｜ eden@knomad.co.kr
ISBN ｜ 979-11-94353-00-3 (03320)

* 값은 뒤표지에 표시되어 있습니다.
* 잘못된 책은 구입하신 서점에서 바꾸어 드립니다.